plett · rhetorische textanalyse

heinrich f. plett

einführung in die rhetorische textanalyse

8. auflage 1991

helmut buske verlag hamburg

1. Auflage 1971
2., durchges. Auflage 1973
3. Auflage 1975 (Nachdruck der 2., durchges. Auflage 1973)
4., ergänzte Auflage 1979
5. Auflage 1983 (Nachdruck der 4., ergänzten Auflage 1979)
6. Auflage 1985 (Nachdruck der 4., ergänzten Auflage 1979)
7. Auflage 1989 (Nachdruck der 4., ergänzten Auflage 1979)
8. Auflage 1991 (Nachdruck der 4. Textauflage 1979
mit erneuerter Bibliographie)

CIP-Titelaufnahme der Deutschen Bibliothek

Plett, Heinrich F.:
Einführung in die rhetorische Textanalyse / Heinrich F. Plett. -
8. Aufl., (Nachdr. der 4. Textaufl. mit erneuerter Bibliogr.). -
Hamburg : Buske, 1991
ISBN 3-87118-082-3

ISBN 3-87118-082-3

Gesamtherstellung: Strauss Offsetdruck GmbH
6945 Hirschberg 2

Rhetorik lehrte nicht nur, Texte zu m a c h e n ; dank ihres ausgebauten "Systems", vor allem im Bereich der Stilistik, ermöglichte sie es auch, Dichtung zu i n t e r p r e t i e r e n .

WALTER JENS

VORWORT

Eine Einführung in die rhetorische Textanalyse bedarf keiner Rechtfertigung. Zu bekannt ist die Wirksamkeit praktischer Rhetorik in allen Bereichen der sprachlichen Kommunikation: in Politik, Wirtschaft, Verwaltung, nicht zuletzt der Literatur. Ständig wirken Texte auf den Menschen ein mit der Absicht, ihn zu manipulieren. Die Enträtselung solcher Wirkungen ist der Rhetorik aufgegeben. Sie ist ein Analyseinstrument allerersten Ranges, um manipulatorische Textmomente zu formalisieren und damit durchschaubar zu machen. Der Darstellung des rhetorischen Systems sind die folgenden Seiten gewidmet. Sie wenden sich an die Studierenden aller philologischen Fächer, besonders aber an den Anglisten und den Germanisten. Die Intention dabei ist, einmal eine erste Bekanntschaft mit rhetorischer Theorie (rhetorica docens) und deren Anwendung in konkreten Textanalysen (rhetorica utens) zu vermitteln, zum anderen aber auch die Aufgaben eines Nachschlagewerks zu erfüllen. Die Grundlage der Darstellung bildet das klassische System, das indes um Erkenntnisse der neueren Forschung in Linguistik, Poetik und Literaturkritik bereichert ist. Insbesondere soll dem deutschen Leser der weithin unbekannte Ertrag der angelsächsischen Rhetorikdiskussion erschlossen werden.

Eine Einführung verlangt nicht nur eine klare Systematik, sondern auch eine eindeutige Festlegung der Begriffe. Diese ist hier durch die Reduzierung des z. T. verwirrenden terminologischen Apparats auf jeweils einen Hauptbegriff durchgeführt. Varianten werden in Klammern mitgeteilt. Ein Register zeigt die Stelle an, wo jede rhetorische Kategorie definiert ist. Für die Erklärung nicht-rhetorischer Fachausdrücke sei auf die Kompendien von Wilpert und Shipley verwiesen. Literarische und nicht-literarische Textbeispiele aus der deutschen und der englischen Sprache erhellen die theoretischen Darlegungen. Die Orthographie dieser Texte wurde nach Möglichkeit modernisiert.

Eine Einführung sollte nicht nur erklären, sondern auch zur weiteren Beschäftigung mit der Materie anregen. Dazu dienen einmal zahlreiche Übungsaufgaben, die der rhetorischen Analyse harren, zum anderen die vielen Literaturhinweise, die (z. T. aufgeschlüsselt nach Q = Quellen und SL = Sekundärliteratur) zur theoretischen Auseinandersetzung mit dem System selbst herausfordern. Dadurch wird jeder starre Dogmatismus vermieden. Das kategoriale System bleibt flexibel genug, um neuen Text- oder Theorieansprüchen gewachsen zu sein. In diesem Sinne versteht sich die folgende Darstellung durchaus als vorläufig, d. h. als Durchgangsstadium zu einer künftigen RHETORICA NOVA.

H. F. P.

VORWORT ZUR 2. AUFLAGE

Eine Rhetorik-Darstellung, die sich als Durchgangsstadium zu einer RHETORICA NOVA versteht, muß sich bei einer Neuauflage der Frage stellen, ob sich in den Jahren zwischen ihrem früheren und jetzigen Erscheinen in der wissenschaftlichen Diskussion Ergebnisse eingestellt haben, die eine grundlegende Überarbeitung rechtfertigen. Erkenntnisfortschritte sind in der Tat zu verzeichnen, was als Signum einer progressiven rhetorischen Renovatio gewertet werden darf. Unter diesen sind die punktuellen Aufarbeitungen der historischen Dimension (z. B. in der Toposlehre) für dieses Buch weniger interessant als die Innovationen in der rhetorischen Systematik. Hier verdienen besonders die kommunikativ-pragmatische und die stilistisch-formale Interpretationsrichtung Beachtung. Beide Forschungszweige stehen jedoch zu sehr am Anfang ihrer jeweiligen Entwicklung, um die in diesem Buch niedergelegten Erkenntnisse entscheidend zu modifizieren. Daher bleibt die Neuauflage, abgesehen von einem kurzen bibliographischen Nachtrag und geringfügigen Korrekturen, unverändert. Nicht zuletzt spricht für die Beibehaltung der gegenwärtigen Form die Tatsache, daß sich das Buch in der Praxis der Textanalyse gut bewährt hat. Es bleibt zu hoffen, daß es den gleichen Zweck auch in Zukunft erfüllt.

Essen, im Juni 1973 H. F. P.

VORWORT ZUR 8. AUFLAGE

Für die Neuauflage wurde die Bibliographie ergänzt und auf den neuesten Stand gebracht.

Essen, im Februar 1991 H. F. P.

INHALTSVERZEICHNIS

A. RHETORISCHE METHODIK

I. Was ist Rhetorik ?

Rhetorik ist eine Kunst. Kunst bedeutet hier: Technik (griech. téchnē), Artifizialität (ars). Das Produkt dieser Kunst ist ein Artefakt: etwas, was nicht der Natur und ihrer Zufälligkeit anheimgegeben ist, sondern der planvollen Rationalität des Menschen entspringt. Mit anderen Worten: Die Rhetorik ist eine Methode - eine Methode, welche ein wesentliches Merkmal des Menschseins betrifft: die Rede.

Als Methode charakterisiert die Rhetorik ein Corpus von Regeln. Diese Regeln stehen nicht in einem unreflektierten Nebeneinander, sondern sind nach Gesichtspunkten logischer Zweckhaftigkeit miteinander korreliert. In ihrer Totalität stellen sie ein komplexes Gebäude dar, dessen Verstrebungen aus Dependenzen, Analogien und Definitionen gefertigt sind. Daraus folgern wir: Rhetorik hat Systemcharakter. Wenn auch das System im Verlauf von etwa zweieinhalbtausend Jahren immer neue Abwandlungen erfahren hat, so ist doch seine primäre Funktion die gleiche geblieben: Texte nach Regeln der Kunst zu produzieren.

Unsere Absicht ist hingegen eine andere, man möchte sagen: die Umkehrung dieses Verfahrens. Nicht Herstellung, sondern Analyse von Texten ist die Intention dieser Darstellung des rhetorischen Systems.Die Einsetzung der Rhetorik als Analysemethode von Texten rechtfertigt sich aus zweierlei Gründen. Der erste Grund ist historischer Art. Es steht fest: Solange eine rhetorische Theorie existiert, sind Texte jeglicher Art (Reden, Predigten, Gedichte, Briefe etc.) nach ihren Vorschriften verfaßt worden. Wendet man nun rhetorische Kategorien bei der Interpretation solcher Texte an, so ist damit ein Beitrag zur Erhellung ihrer intentionalen Formgesetzlichkeit geleistet. Was unter dem Zwange präskriptiver Denk- und Ausdrucksweisen konzipiert worden ist, wird jetzt durch die Deskription des Analytikers zugänglich gemacht. So gehandhabt, erfüllt sich die Aufgabe der rhetorischen Methode im Rekonstruieren; ihr Platz ist in einer historischen Hermeneutik (Gadamer).

Der zweite Grund ist grundsätzlicher methodologischer Art: Das rhetorische System hat sich über Jahrtausende hinweg nicht nur als dauerhaft, sondern auch als flexibel genug erwiesen, auf immer neue Texte anwendbar zu sein. Die Folge davon waren rhetorische Subsysteme wie Brieftheorie, Predigttheorie, rhetorische Poetik, Werberhetorik. Dieser Tatbestand suggeriert die Vermutung, Rhetorik sei möglicherweise auf jeden beliebigen Text applikabel. Ein solches Postulat setzt zwei Dinge voraus: Zunächst eine allgemeine " Wissenschaft vom Text ", deren Objektbereich nicht nur - wie in der traditionellen Literaturwissenschaft - literarische (fiktionale, ästhetische), sondern auch expositorische (nicht-fiktionale, nicht-ästhetische) Texte sind. Des weiteren ein neues Verständnis der Rhetorik, die in den Rang einer allgemeinen Methode zur

Formalisierung textlicher Phänomene erhoben wird. Dazu bedarf es einmal einer Reduktion der redespezifischen " klassischen " Kategorien (z. B. in der Inventio), zum anderen einer folgerichtigen Erweiterung. Diese Erweiterung, die in den vergangenen Jahrhunderten schon eingesetzt hat (Beispiel: Metapher), kann anhand moderner linguistischer Einsichten fortgeführt werden, zumal die dort entwickelten Verfahrensweisen ebenfalls formalistischer Natur sind (z. B. Joos, Leech).

Der antike Theoretiker beantwortete die Frage: Was ist Rhetorik ? mit dem bündigen Diktum: " ars bene dicendi " - die Kunst des guten Redens (bzw. Schreibens). Eine textwissenschaftliche Rhetorik sollte eine " ars bene interpretandi " - eine Technik des guten Analysierens sein. Die ersten Anfänge dazu liegen in Antike, Mittelalter, Humanismus.

II. Was bezweckt Rhetorik ?

Die Rhetorik gilt ursprünglich als die Kunst des Überredens und Überzeugens. Dieses Faktum macht sie zu einer wirkungsbezogenen Wissenschaft. Wer in rhetorischen Kategorien denkt, denkt primär vom Hörer - Leser her; alles Übrige (die Kunst, das Medium Sprache, der Sprecher - Schreiber) ist der Intentionalität des Effekts subordiniert (Barner, Dockhorn). Im rhetorischen Kommunikationsmodell hat der Empfänger der Nachricht den Primat. Unter diesem Vorzeichen konnte die Rhetorik seit dem 16. Jahrhundert als Quelle einer Wirkungsästhetik in Erscheinung treten; erst mit der Romantik, welche das poetologische Gravitationszentrum in den Dichter (= Sprecher) hineinverlegte, machte sich ein Umschwung, wenn auch kein totaler, bemerkbar (Abrams, Stone, Dockhorn). Neuere Textsorten (z. B. in Politik, Werbung) haben inzwischen die Hörerperspektive wieder aktualisiert, so daß heute eine rezeptionsorientierte Textwissenschaft ein vordringliches Desiderat darstellt. Für die Rhetorik als Instrument der Analyse bedeutet dies: Sie muß als eine funktionale Methode angesehen werden.

Nach der traditionellen Schulrhetorik ist das Effektziel der rhetorischen Kunst das persuadere, ein Terminus, den die deutsche Sprache auf zweifache Weise wiedergibt: als " überzeugen " und " überreden ". Die erste Übersetzungsmöglichkeit bezeichnet ein intellektuelles, die zweite ein emotionales Moment der Umstimmung. Für beide Wirkziele existieren auch noch andere Benennungen, für das intellektuelle docere, für das emotionale delectare und movere. (Lausberg, Volkmann). Sie sollen der Reihe nach behandelt werden.

1. Das intellektuelle Wirkziel: docere, probare, monere. Es gliedert sich in eine informative, argumentative und ethische Komponente. Alle drei sind indes nicht völlig voneinander getrennt, sondern durchdringen sich gegenseitig, fließen ineinander über.

Gemeinsam ist ihnen die Insistenz auf demCommon Sense, welcher Hörer und Sprecher eint.

1.1. Das informative docere intendiert die emotionsfreie Unterrichtung des Hörers über eine bestimmte Sachlage (res). Seine Wirksamkeit erstreckt sich daher auf den berichtenden Teil (Narratio) einer Rede, aber auch auf jegliche sachgebundene Darstellung (z. B. in wissenschaftlichen Texten, Nachrichten). Der Informationsstil ist " unrhetorisch ", sachlich, fachlich.

1.2. Das argumentative probare intendiert das rationale Glaubhaftmachen des Redegegenstandes. Dazu dient einmal der Sachbeweis (= " untechnischer Beweis "), welcher sich auf vorhandene Realien (Verträge, Zeugenaussagen) und den allgemeinen " background " der gesellschaftlichen Anschauungen (z. B. hinsichtlich der Moral) stützt, zum anderen der logische oder pseudologische ("technische ") Beweis, der entweder vom Besonderen zum Allgemeinen (Induktion) oder vom Allgemeinen zum Besonderen (Deduktion) fortschreitet. Seine Intention ist es, das Unwahrscheinliche wahrscheinlich (verisimile), das Ungewisse (incertum) bzw. Zweifelhafte (dubium) gewiß (certum) zu machen. Sein Aktivitätsbereich ist der beweisende Teil einer Rede (Argumentatio), aber auch jede andere argumentative Textform (z. B. politischer Kommentar). Der Argumentationsstil ist verweisend (referentiell), logisch, pseudo-logisch.

1.3. Das ethische monere (auch mit docere und prodesse gleichgesetzt) intendiert die Belehrung des Hörers im sittlichen Bereich. Es enthält ein informatives bzw. ein argumentatives Moment, verbunden mit einem Appell an die Vernunft. Diese adhortative Komponente markiert den Übergang vom intellektuellen zu den emotionalen Wirkzielen. Die Wirksamkeit des monere erstreckt sich auf alle didaktischen Texte (z. B. Lehrgedicht). Der Lehrstil ist zeigend (deiktisch), präskriptiv, adhortativ.

2. Das milde Affektziel: conciliare, delectare.
Es besteht aus einer zweckgebundenen und einer zwecklosen Komponente. Beiden gemeinsam ist das Erzeugen einer sanften Emotion (z. B. Freimut, Liebenswürdigkeit); sie trägt den Namen E t h o s (" Charakter ").

2.1. Das zweckgebundene conciliare (" gewinnen ") beabsichtigt die Überredung des Publikums durch " Ethos ". Seine Zweckgebundenheit besteht darin, daß sein Überredungsziel außerhalb des Textes (der Rede) liegt (z. B. Kauf eines bestimmten Gegenstandes). Der Wirkungsbereich dieses Affektziels erstreckt sich auf die Einleitung (Exordium) einer Rede, aber auch auf ganze " ethische " Textarten (z. B. Komödie, Werbung).

2.2. Das zwecklose delectare (" erfreuen ") beabsichtigt den ästhetischen Genuß des Publikums. Seine Zwecklosigkeit besteht darin, daß der Text auf sich selbst zurückverweist (Lausberg) : " l' art pour l' art ". Das affektische Ziel ist " interessenloses Wohlgefallen " (Kant). Seine Heimat ist die demonstrative Textgattung (Epideixis).
Der " ethische " Stil ist reich geschmückt, gefällig, " anmutend " (Dockhorn).

Er bevorzugt die mittlere Stilebene und deren Ausdrucksmittel: Variation und Tropen.

3. Das leidenschaftliche Affektziel: movere, concitare.
Es besteht im Aufwühlen heftiger Emotionen (Zorn, Haß, Jammer, Schrecken), durch die das Publikum überredet wird. Das griechische Wort für Leidenschaft ist P a t h o s. Es bezeichnet nicht wie das "Ethos" eine statische Empfindung (Gefühlszustand, Habitus), sondern eine momenthafte Erregung (Gefühlsausbruch). In ihm erreicht die rhetorische Psychagogie (Jens) ihren Höhepunkt. Die Textbereiche, in denen sich die Wirkung des Pathos entfaltet, sind die judiziale und die deliberative Gattung. Von den Redeteilen neigt sich ihm besonders der Schluß (Peroratio), manchmal auch die Einleitung (Exordium) zu. Im mündlichen Vortrag erweisen sich die Exhibition affekthaltiger Gegenstände (z. B. blutiger Dolch) und die emotionale Selbstaffizierung des Redners (z. B. Stocken in der Stimme, geballte Faust) als besonders pathoserregend. Im Schrifttext kennzeichnen den pàthetischen Stil die Fülle der Stilkategorien (besonders Appellfiguren) und die hohe Stilebene.

Die drei genannten Wirkziele lassen sich nicht nur bei einem spezifischen Texttyp, der klassischen Rede, sondern (wie angedeutet) bei jedem beliebigen Text eruieren. Gewiß könnte man sie sich differenzierter vorstellen, doch hat die vorliegende Darstellung den Vorteil ihrer einfachen Korrelierbarkeit mit anderen Textqualitäten (Redeteile, Textgattungen, Stilkategorien, Stilebenen). Während der Redner bzw. der Textverfasser mit Hilfe bestimmter rhetorischer Mittel bestimmte Wirkziele verfolgt, verfährt der rhetorische Textanalytiker umgekehrt: Er spürt die formalen Wirkursachen von Textappellen auf. Indem er die " Appellstruktur der Texte " (Iser) formal-rhetorisch begründet, betreibt er gleichzeitig eine funktionale Textpsychologie.

III. Wie erlernt man Rhetorik ?

Ein altes lateinisches Sprichwort sagt: " Zum Redner wird man gemacht, zum Dichter wird man geboren. " (Orator fit, poeta nascitur). Doch gilt dieser Satz nicht unbeschränkt. Auch vom Redner wird in der Schulrhetorik eine gewisse natürliche Begabung (natura, ingenium) vorausgesetzt; zum anderen charakterisiert eine rhetorisch geprägte Poetik den Dichter als " Macher " (engl. " maker "), seine Tätigkeit als ein Machen: " Ein Gedicht wird gemacht " (Benn). Unter der Voraussetzung, daß die Herstellung eines Textes primär ein Machen sei, ist diese Tätigkeit lehrbar. Gleiches gilt mutatis mutandis hinsichtlich der rhetorischen Textanalyse. Um nun zu erfahren, wie diese zu erlernen sei, befragen wir erneut die Schulrhetorik. Sie schreibt ihrem Adepten ein dreifaches vor:

1. A r s, d. h. Beherrschung der rhetorischen Technik, welche die natürliche Sprachäußerung einer rationalen Disziplinierung unterwirft. Die rhetorische Technik ist in einem Kanon von Regeln, Definitionen und Distinktionen zusammengefaßt. Seine Aneignung ist sowohl

dem Textverfasser als auch dem Textanalytiker aufgegeben. Vorliegende Darstellung repräsentiert einen solchen Kanon. Er ist im Gegensatz zum " klassischen " Kanon " offen ", beschreibend, selektiv, revidierbar.

2. Imitatio, d.h. Nachahmung von mustergültigen Beispielen (exempla), wodurch das theoretisch Gemeisterte handgreiflich gemacht werden soll. Die gegenwärtige Darstellung bietet poetische und nicht - poetische Beispiele aus dem deutschen und englischen Sprachbereich. Sie sind teils nur " Belege " für einzelne rhetorische Kategorien, teils werden sie einer kurzen Analyse unterworfen. Den Maßstab für das eine oder andere Verfahren bildet ihre Komplexität.

3. Exercitatio, d.h. Übung, in der das theoretische System und die vorgegebenen Muster als Stimuli zur selbsttätigen Verfertigung / Analyse von Texten benutzt werden. Im Anschluß an diese rhetorische Praxis ist den einzelnen Abschnitten dieser Darstellung jeweils ein Aufgabenteil angefügt, der die Applikation rhetorischer Kategorien auf konkrete Texte fördern soll. Damit knüpfen wir an eine rhetorische Tradition an, die in französischen oder angelsächsischen Buchpublikationen bis auf den heutigen Tag ungebrochen weiterlebt.

IV. EXKURS: Historische Skizze der Rhetorik

Die Ausbildung des rhetorischen Systems erfolgte in mehreren Stadien, die im folgenden grob umrissen werden sollen: Antike, Mittelalter, Neuzeit, das 20. Jahrhundert. Ein Studium der geschichtlichen Entwicklung sollte nicht nur Selbstzweck sein, sondern die mannigfachen Aspekte des Rhetorischen überhaupt enthüllen.

1. Antike. Die antike Geschichte der Rhetorik (SL: Atkins I, Bryant, Clark, Hommel, Kroll, Norden) gliedert sich in zwei Phasen, die griechische und die römische. Die griechische Phase (SL: Kennedy) hat antiken Berichten zufolge mit den Lehrbüchern der Syrakusaner Teisias und Korax (5. Jh.) begonnen, doch gilt als der erste große Redelehrer einhellig der Sophist Gorgias von Leontinoi (427 v. Chr. in Athen), der die demonstrative Gattung (Gelegenheitsrede) und die Stilkategorien (vgl. die sog. Gorgianischen Figuren : Antithese, Isocolon, Parison, Homoioteleuton) begründete. Da er wie andere Sophisten behauptete, mit Hilfe rhetorischer Technik jede Behauptung verteidigen oder widerlegen zu können (Eristik), geriet er in Gegensatz zu den philosophischen Verfechtern von Wahrheit und Idee, Sokrates und Platon, die das idealistische Mißtrauen gegenüber der Rhetorik begründeten (Q: Goethe, Kant, Hegel; SL: Barner). Demgegenüber war es der Philosoph Aristoteles, welcher der Rhetorik in drei Büchern (ca. 358 - 348 v. Chr.) erstmals eine wissenschaftliche Grundlage schuf. Er behandelte nicht nur die drei Redegattungen, sondern auch die rhetorischen Arbeitsstadien, darunter den Stil. In der nacharistotelischen Theorie wird gerade die Stillehre

immer weiter ausgebaut. Es kommt hier zur Ausbildung von Schulen: der manierierten des Asianismus (zerhackte Syntax, Schwulst, überzüchtete Rhythmisierung), der puristisch-doktrinären des Attizismus und der gemäßigten Rhodischen Schule (SL: Wilamowitz,- Croll, Trimpi). Für die Neuzeit relevant geworden sind Demetrius' Abhandlung " Peri hermeneias " (De elocutione) (3. Jh. v. Chr.) und vor allem die Schrift des Pseudo-Longinus: " Peri hypsus " (De sublimitate, Über das Erhabene) (1. Jh. n. Chr.), die das Pathos zum obersten Stilgesetz erhebt.

Die r ö m i s c h e Phase (SL: Clarke) der Rhetorik ist ohne die griechische undenkbar. Die ältesten, uns verlorenen Anfänge einer lateinischen Theorie (z. B. Cato d. Ä.) ahmen ebenso griechische Vorbilder nach wie das wegen seiner scholastischen Systematik nützliche Lehrbuch " Rhetorica ad Herennium " (ca. 86/84 v. Chr.). Von größter Bedeutung aber sind die Schriften Ciceros, der nicht nur die griechische Terminologie ins Lateinische überträgt, sondern auch das rhetorische System philosophisch durchdringt: " De Inventione " (ca. 84 v. Chr.), " De Oratore " (55 v. Chr.), " Brutus " (46 v. Chr.), " Orator " (46 v. Chr.). Auf Cicero fußt die letzte große rhetorische Abhandlung des lateinischen Altertums: Quintilians zwölf Bücher " De Institutione Oratoria " (ca. 93-95 n. Chr.), ein " Lehrgang der rednerischen Ausbildung im Rahmen eines umfassenden Erziehungs- und Bildungsprogramms " (Hommel). Sind hier noch einmal alle Aspekte der zu einem komplexen System angewachsenen Redekunst versammelt, so begnügen sich die spätantiken Autoren mit Kompilationen oder sog. Progymnasmata (Praeexercitamenta), d. h. " Vorübungen " (Q: Halm).

2. M i t t e l a l t e r. (SL: Curtius, C. S. Baldwin I, Atkins II, Garin, McKeon). Die Rhetorik wird Teil des mittelalterlichen Lehrgebäudes der sieben freien Künste und dringt in die Enzyklopädien eines Martianus Capella, Isidor v. Sevilla und Vinzenz v. Beauvais ein. In den " Poetriae " des 12. und 13. Jahrhunderts wird sie zu einer Quelle für die Dichter, wobei sie allerdings, der Tendenz spätantiker Traktate folgend, auf den elokutionellen Sektor eingeschränkt wird; dieser verselbständigt sich, differenziert sich aber immer weiter: eine " stilistische Scholastik " (Brüggemann II) entsteht (Q: Faral; SL: Arbusow, Brinkmann). Darüber hinaus erblickt das Mittelalter die Heranbildung zweier neuer rhetorischer Theorietypen: 1) der Brieflehre (ars dictaminis), die seit Alberich von Monte Cassino (11. Jh.) bis auf den heutigen Tag lebendig blieb (Q: Rockinger, Brüggemann I; SL: Brüggemann II, Nickisch, Robertson, Roseno), 2) der Predigttheorie (ars praedicandi), deren Anfänge bis Augustinus' " De Doctrina Christiana " zurückreichen (Q: Charland; SL: Caplan, Owst). Außerdem wirkt die Rhetorik, besonders durch die Inventio, an der Errichtung der scholastischen Dialektik mit.

3. N e u z e i t. In Humanismus und Renaissance (SL:Atkins III, Th. W. Baldwin, Crane, Croll, Howell, Seigel) bestehen antike und mittelalterliche Rhetoriktypen nebeneinander: die alle fünf Arbeitsstadien

umspannende " ciceronianische " Rhetorik (Q: Wilson), Predigttheorien (SL: Blench, Dyck II), Epistolartheorien, Stillehren (Q: Sonnino, Peacham, Hoskins; SL: Lanham), Progymnasmata. Die Entwicklung zur barocken Universalrhetorik kennzeichnet eine Tendenz zur Psychologisierung aller Kategorien (SL: Plett). Daneben behaupten die Stillehren ihre im Mittelalter erworbene Machtstellung, ja bauen dieselbe noch aus, indem sie das Aussehen der neuen Poetiken entscheidend mitgestalten (Q: Minturno, Scaliger; Puttenham, Sidney; Opitz, Harsdörffer; SL: C. S. Baldwin II; Barner, Dyck, Fischer, Hildebrandt-Günther, Windfuhr). Der rhetorischen Poetik entspricht der rhetorische Dichter (poeta rhetor), der bis 1800 die literarische Szenerie beherrscht. Im 17. Jahrhundert beginnt man in England das Pathos zugunsten eines Rhetorikideals der Schlichtheit abzubauen (SL: Adolph, Croll, Jones, Trimpi). Unter dem Eindruck aufklärerischer Theorien und der empirischen Psychologie gewinnt die Rhetorik hier wie in Deutschland neue Dimensionen, die sie bis an die Schwelle der Romantik führen (SL: Herrmann, Stone, Stötzer; Nickisch). Daß die deutsche Klassik sehr wohl noch für die rhetorischen Dinge empfänglich war, beweist das Beispiel Schiller (SL: Meyer). Auch ein Romantiker wie Wordsworth benutzte noch gelegentlich die Terminologie der Schulrhetorik (SL: Dockhorn). Das ändert indes wenig an der Tatsache, daß man seit 1800 rhetorische Kunst mit Künstlichkeit (= Unechtheit) und rhetorische Wirksamkeit mit betrügerischer Effekthascherei gleichsetzt. Platon und " Longinus " setzen sich durch. Einige Nachklänge im 19. Jahrhundert bilden Anachronismen (Q: Whately, Adam Müller). Zum Teil stellt die Rhetorik der aufkeimenden Sprachwissenschaft und Stilistik ihre Kategorien zur Verfügung (SL: Linn). Im übrigen hält sich das Urteil von Klassik und Romantik.

4. Das 20. Jahrhundert. Daß in unserem Jahrhundert das Interesse an rhetorischer Theorie (und Analyse) neu erwacht ist, hat verschiedenartige Gründe. Der erste ist historischer Art: Die Wiederentdeckung der " metaphysischen " bzw. barocken Literatur in England bzw. Deutschland gab den Anstoß zu Untersuchungen über ihre theoretischen Voraussetzungen, die Rhetoriken und Poetiken (SL: Kayser, Böckmann, Tuve). Dieses Ereignis wurde parallelisiert von einem Aufschwung der Mediävistik, die ihrerseits ein neues rhetorisches Kontinuitätsdenken inaugurierte (SL: Faral, Curtius, Glunz, Auerbach). Beiden Forschungsrichtungen gelang jedoch erst nach dem Zweiten Weltkrieg der Durchbruch, in den angelsächsischen Ländern früher als in Deutschland, wo z. B. die rhetorische Barockforschung erst in den sechziger Jahren zur vollen Blüte gelangte (SL: Barner, Jens (Bibl.)). Ein zweites Moment, das zu einer rhetorischen Renaissance führte, stellt die seit Beginn dieses Jahrhunderts in der Literaturwissenschaft feststellbare Tendenz dar, ihren Gegenstand zu isolieren und mit Hilfe formaler Kategorien zu methodisieren. Eine Folge dieser Bestrebungen ist ein rhetorischer Formalismus, der seinen gültigen Ausdruck in dem neoscholastischen System von Heinrich Lausberg gefunden hat (vgl. Arbusow, Lanham, Sonnino). In der angelsächsischen Welt wirkte das allgemeine formalrhetorische Interesse befruchtend auf den New Criticism ein, dessen zentrale Kategorien Ironie, Paradoxie, Para -

phrase (Brooks), Ambiguität (Empson) und Metapher (Brooks, Brooke-Rose) ihre Provenienz deutlich verraten. Ein d r i t t e s Moment der rhetorischen Renaissance ist die erhöhte Aufmerksamkeit, die man dem Phänomen der verbalen Manipulation des Menschen in der modernen Gesellschaft zollt: im Bereich der Politik, der Werbung, der Wirtschaft, der Publizistik (Bibl. : Jens). Das Resultat derartiger Überlegungen sind einmal neue präskriptive Rhetoriken, die Regeln für wirksamesReden und Schreiben anbieten (Gray / Braden, Elertsen, Hage, Zielke), zum anderen Einweisungen in eine lebensbezogene Praxis rhetorischer Kritik (Black, Brooks/Warren, Burke, Nichols). Mit der letztgenannten Strömung in Verbindung steht die amerikanische " neue " oder " wissenschaftliche Rhetorik ", die auf der interdisziplinären Zusammenarbeit von Kommunikationswissenschaft, Soziologie, Psychologie, Politologie und klassischer Rhetorik beruht. " Diese Rhetorik untersucht einerseits die sozialen und psychologischen Bedingungen, die eine Beeinflussung der Rezipienten durch die Kommunikatoren ermöglichen, und analysiert andererseits das Zeichenarsenal, dessen Anwendung unter bestimmten Bedingungen zu bestimmten, experimentell abgesicherten und empirisch belegbaren Wirkungen führt " (Jens). Auf Grund ihrer umfassenden Perspektive erscheint die " new rhetoric " als besonders entwicklungsfähig. Sie kann zur Entlarvung nicht nur der " open ", sondern gerade auch (nach einem Buchtitel von Vance Packard) der " hidden persuaders " beitragen.

Ü b u n g e n

Ü 1 Analysieren und vergleichen Sie folgende Statements zur Rhetorik:

(a) Beredtheit und Wohlredenheit (zusammen Rhetorik) gehören zur schönen Kunst; aber Rednerkunst (ars oratoria) ist als Kunst, sich der Schwächen der Menschen zu seinen Absichten zu bedienen (diese mögen immer so gut gemeint oder auch wirklich gut sein, als sie wollen), gar keiner Achtung würdig.
Kant, " Kritik der Urteilskraft ", §. 53.

(b) Rhetoric is the art of using language effectively.
Brooks - Warren, " Modern Rhetoric ", p. 6.

(c) Rhetoric ... should be a study of misunderstanding and its remedies. ... the whole business of Rhetoric comes down to comparisons between the meanings of words.
I. A. Richards, " The Philosophy of Rhetoric ", pp. 3, 37.

(d) We now have three factors that coincide in their behavior: rhetorical strategies, rhetorical situations, and audience effects. ... Rhetorical strategies refer to characteristics of the discourse; rhetorical situations refer to extralinguistic influences on the audience; audience effects refer

to responses to the strategies in the situations. The fact that these three factors interact suggests that they are constituents of the same phenomenon. We call this phenomenon a rhetorical transaction.
E. Black, " Rhetorical Criticism ", p. 134.

(e) Wir sprachen von der Haltung des Dichters, dem die rhetorische Tendenz fern liegt, der aber dennoch bewußt und wollend gestaltet, aber allein unter dem Gesetz des Kunstwerks selbst: Den Formen seiner Dichtung werden wir mit Hilfe der rhetorischen Termini genau so wenig gerecht wie dem lyrischen Gedicht aus der Unmittelbarkeit und Unbewußtheit des Herzens.
G. Storz, " Unsere Begriffe von Rhetorik und vom Rhetorischen ", Der Deutschunterricht 18, 6 (1966), 14.

(f) Die Ausrichtung aller rhetorischen Mittel auf ein Ziel hin, das Ziel des "Überredens", muß die Interpretation fortschreiten lassen über die bloße Beschreibung der Mittel hinaus zur Analyse der Beziehung zwischen rhetorischen Formen und ihren Wirkungsweisen. ... Das Erarbeiten einer Soziologie und Psychologie der rhetorischen Formen und Mittel ist ein großes Desiderat.
Ludwig Fischer, " Alte und neue Rhetorik ", p. 2.

Ü 2 Kommentieren und illustrieren Sie folgendes Diktum:

Die Erwägung, ob der Verfall der Beredsamkeit den Untergang der Freiheit oder das Ende der Politik den Tod der Rede nach sich ziehe: diese von Hallbauer aufgeworfene Frage nach der Priorität stellt eindringlich klar, daß an der Identität von Republik und großer Rhetorik kein Zweifel bestand.
Walter Jens, " Von deutscher Rede ", p. 17.

Ü 3 Behandeln Sie das Thema " Rhetorik und Politik " anhand der folgenden Literatur: Burke III, Dieckmann, Gauger, Geißner, Jungmann, Kurka, Metzger, A. Müller, Neumeister, Schindel, Schmolke, Viebrock I / II / III, Zimmermann. Im Hinblick auf Ü 2 erscheint eine vergleichende Morphologie der politischen Rede als ein Desiderat.

Ü 4 Erläutern Sie Ethos und Pathos anhand englischer und deutscher Dramenfiguren (Doran, Sr. Miriam Joseph).

B. RHETORISCHE SYSTEMATIK

Das Aktivitätsfeld der Rhetorik gliedert sich, gemäß den aufeinanderfolgenden Bearbeitungsphasen eines Themas, in fünf Sektoren (partes artis) : INVENTIO, DISPOSITIO, ELOCUTIO, MEMORIA, ACTIO. Mit Ausnahme der ELOCUTIO sollen sie in diesem Kapitel zu Wort kommen.

I. INVENTIO (griech. " heuresis ", dt. " Erfindung "): die Kunst, wahre oder wahrscheinliche Stoffmomente aufzufinden, die den Redegegenstand glaubhaft machen. Diese Stoffmomente sind nicht einem zufälligen Suchen anheimgegeben, sondern befinden sich an vorgegebenen Fundstätten oder " Örtern ", die der Redner (Texter, Analytiker) systematisch abfragen muß. Die Argumentationsörter, auch als " Suchformeln " (Lausberg) oder " die allgemeinen Formprinzipien der Argumente " (Veit) bezeichnet, bilden ein kohärentes Paradigma von außerordentlicher Komplexität. Obgleich dieses Paradigma je nach der betreffenden Redegattung variiert, gibt es doch ein konstantes Reservoir " heuristischer " Grundpositionen. Sie konkretisieren sich in einem hexametrischen Merkspruch des Matthieu de Vendôme (12. Jh.):

" quis, quid, ubi, quibus auxiliis, cur, quomodo, quando "
(wer, was, wo, wodurch, warum, auf welche Weise, wann),

den der englische Rhetoriker Thomas Wilson (16. Jh.) so wiedergibt:

Who, what, and where, by what help, and by whose :
Why, how, and when, do many things disclose.

Es handelt sich demnach um Argumente aus den Örtern : Person (personal), Sache (faktisch), Ort (lokal), Mittel (instrumental), Ursache (kausal), Art und Weise (modal), Zeit (temporal). Diese Örter sind nicht nur um weitere vermehrt, sondern auch subklassifiziert worden, beispielsweise die Person nach Namen, Abstammung, Geschlecht, Vaterland, Aussehen, Charakter, Erziehung, Stand, Vermögen usw. Analog wird auch mit den übrigen Örtern verfahren, so daß schließlich ein höchst kunstvolles Argumentationsgebäude entsteht. Seine Fundamente sind noch (auch im Hinblick auf die Textdisposition) im deutschen Schulaufsatz erhalten (Bukowski).

B 1 Wie die Topoi der INVENTIO operationalisiert werden können, sei an einem Muster aus der Rhetorik Wilsons vorgeführt. Das Thema gehört der demonstrativen Redegattung an:

An example of commending King David for killing great Goliath, gathered and made by observation of circumstances.

Die Topoi (" circumstances "), die das rednerische Lob konkretisieren, werden in der Reihenfolge des Merkspruches abgehandelt:

i. Who did the deed?
David being an Israelite did this deed, being the son of Isay, of the tribe of Juda, a boy in years . . . .

ii. What was done?
He slew Goliath, the strongest giant among the Philistines. ...

iii. Where was it done?
About the vale of Terebinthus.

iv. What help had he to it?
He had no help of any man but went himself alone. And whereas Saul offered him harness, he cast it away, and trusting only in God, took him to his sling, with four or five small stones in his hand, the which were thought nothing in man's sight, able either to do little good or else nothing at all. ...

v. Wherefore did he it?
He adventured his life for the love of his country, for the maintenance of justice, for the advancement of God's true glory, and for the quietness of all Israel, neither seeking fame nor yet looking for any gain. ...

vi. How did he it?
Merry, he put a stone in his sling, and when he cast it at the Philistine, Goliath fell down straight.

vii. What time did he it?
This deed was done, when Saul reigned first king over the Israelites, at what time the Philistines came against the Israelites. Thus by the circumstances of things a right worthy cause may be plentifully enlarged.

Die Örter der INVENTIO haben die Funktion, das Thema der Rede zu konkretisieren, zu erweitern und glaubhaft zu machen. Als " technische " Beweise komplementieren sie die " untechnischen " Argumente der Realien (z. B. Urkunden) und sind daher der rednerischen Findigkeit überantwortet. Der Analytiker bedarf ihrer in gleicher Weise, wenn er einen Text in seine Stoffmomente zergliedert. Dabei kann ihm die rhetorische Findungslehre Gesichtspunkte (eine weitere Übersetzung von Topos) vermitteln, zum Beispiel in der Frage der Charakter- und Handlungsmotivation. Reiche Früchte aber haben bis jetzt die

Bemühungen um die Errichtung einer historischen Topik getragen.

1. E X K U R S: Historische Topik

Die moderne Literaturwissenschaft hat den Topos für die Diagnostizierung literarischer Formkonstanten entdeckt (Curtius, Mertner, Pöggeler, Veit). Sie ging dabei vom Begriff des locus communis (griech. " koinos topos ") aus, eines Topos allgemeinster Art, der auf die verschiedensten Einzelfälle anwendbar ist und unter den Bezeichnungen Gemeinort (Kant, Lessing), Gemeinplatz (Wieland, Goethe), " Commonplace " und " lieu commun " im europäischen Sprachgebrauch heimisch wurde. Sammlungen solcher Topoi sind seit dem Altertum in großer Anzahl kompiliert worden; man denke etwa an die neolateinischen " Thesauri ", die barocken " Schatzkammern " in Deutschland, die populären englischen " Commonplace Books ". Im Laufe der Entwicklung vollzog sich ein Wandel im Verständnis des Topos: Aus einer rhetorischen Formkategorie wurde eine poetische, schließlich (bei Curtius) ein literarisches Klischee, dessen Tradierung die " Sinneinheit " der gesamteuropäischen Literatur stiftet. Daher erklärt sich die Forderung nach einer historischen Topik, welche die Kontinuitätsverhältnisse in der Literatur transparent macht. Sie ist zu ergänzen durch ein " synthetisches Interpretieren ", das die kontextuelle Individuation der topischen " Versatzstücke " im konkreten Text herausstellt.
Die ständige Ausweitung des Topos-Begriffs macht es begreiflich, daß nicht nur Topoi für bestimmte Redeteile (z. B. Exordium,, Schluß) und Redegattungen (z. B. Lobrede), sondern für jede Art von Text - gleichsam als Archetypen - ermittelt wurden; daß ferner der Topos zu einem relativ verschwommenen Begriff verblaßte, der Formeln, Exempla, Tropen, Motive und Schilderungen bezeichnen kann. Selbst seine Einengung auf das formale Element des " Formgitters " (Friedrich) oder auch das funktionale des " Arguments " (Veit) hat ihn aus dieser definitorischen Unklarheit nicht ganz erlösen können.

B 2 Einige Topoi sollen zur Illustration aufgeführt werden (Arbusow, Curtius, Veit).

1.1. E x o r d i a l t o p o i:

a) Unsagbarkeitstopos, auch Unfähigkeitsbeteuerung (" imperitus sermone ") oder Topos der affektierten Bescheidenheit ("mea parvitas ") genannt: " Ich bin unfähig, einem so großen Thema gerecht zu werden."
b) Topos der Aporie: " Womit soll ich beginnen ?"
c) Überbietungstopos: " Ich bringe nie Gesagtes."
d) Auftragstopos: " Andere haben mich zum Schreiben gezwungen."
e) Dedikationstopos: " Ich bringe mein Werk auf Gottes Altar dar."
f) Aufforderungstopos: " Nenne mir, Muse, den Mann ...."
h) Begründungstopos: " Wissen verpflichtet zur Mitteilung ."

1.2. Lobtopoi:

a) Lob der Vorfahren und ihrer Taten
b) " Der ganze Erdkreis besingt ihn. "
c) " Puer senex" : Jung an Jahren, aber alt an Weisheit.
d) Lob des Lustorts (" locus amoenus "), einer Ideallandschaft mit Baum, Wiese, Bach, Vogelgesang und heiterem Himmel.
e) Lob des Landlebens (Tadel der städtischen Kultur).
f) Zeitgenossenlob.
g) Lob der " guten, alten Zeit " (laudatio temporis acti).

Die angeführten Topoi lassen sich mit Leichtigkeit um weitere vermehren.

2. Die Redegattungen (genera orationis)

Die drei Redegattungen umreißen den Stoff- und Funktionsbereich, in dem die Inventio tätig ist. Da ihre Merkmale nicht nur für die klassische Rede gelten, kann man auch den Ausdruck " Textgattung " benutzen.

2.1. Die judiziale Gattung (genus iudiciale)

a) Thematischer Bereich :	Recht oder Unrecht
b) Funktion :	Anklage oder Verteidigung
c) Primäre Zeitreferenz :	Vergangenheit
d) Modellfälle :	Gerichtsrede, sozialkritisches Drama, Pamphlet, Satire, Apologie

2.2. Die deliberative Gattung (genus deliberativum)

a) Thematischer Bereich :	Nutzen oder Schaden
b) Funktion :	Mahnung oder Warnung
c) Primäre Zeitreferenz :	Zukunft
d) Modellfälle :	politische Rede, Werbung, Lehrdichtung, Suasorie, Utopie, Predigt

2.3. Die epideiktische Gattung (genus demonstrativum)

a) Thematischer Bereich :	Ehre oder Unehre
b) Funktion :	Lob oder Tadel
c) Primäre Zeitreferenz :	Gegenwart
d) Modellfälle :	Lobrede, Schmähschrift, Reden bei gesellschaftlichen Anlässen (Geburtstag, Hochzeit, Jubiläum, Gedenkfeier), Gelegenheitsdichtung (Epithalamium, Enkomium, Panegyrikus), Ode

Selten erscheinen die drei Redegattungen in reiner Form; der Regelfall ist eine Vermischung der unterschiedlichen Themenbereiche, Funktionen und Zeitreferenzen. So kann beispielsweise eine Anklagerede sowohl deliberative Momente (z. B. Appell an den Rechtssinn des Richters) als auch epideiktische (z. B. Verunglimpfung des Angeklagten) einschließen. Didaktische Dichtung (etwa vom Landbau), die zu einem bestimmten Denken oder Handeln auffordert, prangert häufig aktuelle oder vergangene Mißstände (z. B. ungerechte Güterverteilung) an und preist ein bestimmtes Lebensideal (Lob des Landlebens). Die Beispielkette ließe sich fortsetzen.
Alle Redegattungen stehen auf Grund ihrer thematischen und funktionalen Polaritäten (z. B. Recht - Unrecht, Anklage - Verteidigung) unter dem Gesetz einer dialektischen Spannung. Je weniger ein Gegenredner die Antithese zur These des Redners herstellt, desto mehr wird diese Spannung abgebaut, da die Aufgabe des Überredens entfällt: Der Richter (Zuhörer, Leser) ist nicht zur Fällung einer Entscheidung aufgerufen, die zwischen den kontroversen Positionen vermittelt. Entsprechend dem Spannungszustand, den ein Text erzeugt, ist der Rezipient aktiv oder passiv, der Verfasser argumentierend oder ästhetisierend, die Textkonstitution selbst " dialogisch " oder " monologisch". Die Inventio der judizialen Gattung ist infolge ihrer langen Tradition am stärksten methodisiert. Für das epideiktische Genus gilt die gleiche Feststellung hinsichtlich des Stils (Elocutio). Sind judiziale und deliberative Gattung in ihrem Wesen argumentativ, so kann man die Epideixis eher als ästhetisch bezeichnen. Sie bietet daher den Ansatz für eine Rhetorisierung der Literatur und eignet sich ihrerseits für den Eingang des Poetischen in die Rede: Der Redner wird zum Dichter, der Dichter zum Redner. Beide führt die Intention zusammen, durch das geschmückte Wort überzeugen zu wollen.

II. <u>D I S P O S I T I O</u> (griech. " taxis ", Anordnung, Struktur): die Kunst der wirksamen Anordnung der Stoffmomente (Argumente) im Ganzen einer Rede (eines Textes). Die Dispositio wurde von der Theorie einigermaßen vernachlässigt, da schon die Inventio Gesichtspunkte der stofflichen Gliederung mitberücksichtigen muß. Folgende Strukturtypen werden unterschieden:

1. <u>D i e k l a s s i s c h e R e d e (oratio)</u>
Ihre Unterteilung hat folgende Gestalt:

1. 1. <u>E X O R D I U M (griech. " prooimion ") = Einleitung.</u>
Sie soll den Hörer / Leser aufmerksam, aufnahmebereit und wohlwollend stimmen, was u. a. durch die Exordialtopoi erreicht wird.

1. 2. <u>N A R R A T I O (griech. " diegesis ") = Erzählung</u> (des Hergangs). Sie soll den Hörer / Leser kurz, klar und glaubhaft über den Sachverhalt informieren.

1. 3. <u>A R G U M E N T A T I O (griech. " pistis ") = Beweis,</u>
der manchmal in einen positiven Beweis (CONFIRMATIO) und einen negativen (REFUTATIO = Widerlegung) untergliedert wird.

Dieser Teil der Rede kann sachlich oder affektisch (Ethos, Pathos) sein, je nach der Wirkungsintention des Redners.

1.4. P E R O R A T I O (griech. " epilogos ") = Schluß.
Er enthält in der Regel eine kurze Wiederholung (recapitulatio) der bisherigen Beweisführung und einen Appell an die Affekte (z. B. Mitleid, Entrüstung).

Über Anzahl und Art der Redeteile herrscht in der Theorie große Uneinigkeit; daher kann die skizzierte Gliederung nur einen " goldenen Schnitt " darstellen. Zwischen Einleitung und Beweisführung können sich manchmal P R O P O S I T I O (griech. " prothesis ") = Themenstellung und / oder D I V I S I O (partitio) = Gliederung des Beweisgehalts schieben, während in anderen Redetexten Einleitung, Erzählung oder Widerlegung extrem verkürzt sind bzw. entfallen, je nach der aktuellen Redesituation.

B 3 Beispiele für die Analyse neuerer Reden nach der klassischen DISPOSITIO bietet Michael Schmolke, " Reden und Redner vor den Reichspräsidentschaftswahlen im Jahre 1932 ", Publizistik, 4 (1959), 97 - 117.

2. Der Brief (epistola)

Er ist - im Gegensatz zur vorwiegend mündlichen Rede - eine ausschließlich schriftliche Textform, dessen Aufbaustruktur aber an derjenigen der klassischen Rede orientiert ist. Christian Weise (17. Jh.) gibt den Grund dafür an: " Der Brief heißt insgemein sermo absentis ad absentem, eine Rede, die ein Abwesender gegen einen Abwesenden zu halten pfleget. Drum soll sich die Kunst mit den Briefen soweit erstrecken, als die gesamte Redenskunst." (zit. bei Roseno). Die übliche Einteilung des Briefes lautet:

a) SALUTATIO = Begrüßung
b) CAPTATIO BENEVOLENTIAE = Gewinnung der Gunst des Lesers
c) NARRATIO = " Erzählung "
d) PETITIO = Gesuch
e) PERORATIO = Schluß

Begrüßung und Gewinnung der Publikumsgunst entsprechen dem Exordium der Rede, das Gesuch der Argumentatio; Narratio und Peroratio sind in beiden rhetorischen Textformen vorhanden. Allerdings kann das Dispositionsschema, besonders beim Privatbrief (epistola familiaris), vereinfacht werden.

B 4 Die lange Gültigkeit des rhetorischen Briefschemas demonstriert die Analyse eines Musterbriefes aus einem Briefsteller des 19. Jhs., der im Jahre 1916 die 44. Auflage erlebte (nach Brüggemann I 30). Es handelt sich um ein Gnadengesuch an den Kaiser.

1. SALUTATIO:

Berlin, den 5.5.19..

Allerdurchlauchtigster, Großmächtigster Kaiser und König, Allergnädigster Kaiser, König und Herr!

2. CAPTATIO BENEVOLENTIAE:

Im Vertrauen auf die bekannte Gnade und Milde, die Ew. Majestät schon gegen viele Hilfesuchende gezeigt haben, wage ich es, Ew. Majestät demütig mit einer Bitte zu nahen.

3. NARRATIO:

Mein Mann, der Tischlermeister Paul Stör, ist im vorigen Jahr wegen Landfriedenbruchs zu einer Gefängnisstrafe von 2 Jahren verurteilt worden. ...

4. PETITIO:

... Ich bitte daher mit meinen Kindern Ew. Majestät flehentlich, uns den Vater und Ernährer wieder zu schenken und uns dadurch vor dem völligen Untergange zu retten.

5. PERORATIO:

In der frohen Hoffnung auf Ew. Majestät Gnade bin ich in tiefster Ehrfurcht

Ew. Majestät
alleruntertänigst gehorsamste
Mathilde Stör.

Die SALUTATIO umfaßt die Titulatur. Die CAPTATIO BENEVOLENTIAE besteht in dem alten Hymnen-Topos " Da du schon vielen geholfen hast, erhoffe auch ich Hilfe von dir."
Die NARRATIO erscheint heute in der Kurzform der PROPOSITIO " Betreff " häufig vor der SALUTATIO. PETITIO und PERORATIO sind auch in der Gegenwart noch epistolare Stereotypen. Eine Untersuchung der wechselnden inhaltlichen Füllung dieser Schematik (besonders SALUTATIO und PERORATIO) führt zu einer Sozialgeschichte des Briefes.

3. Die Predigt (sermo, concio)

Man unterscheidet in der Regel zwischen Homilie (= Textpredigt) und Sermon (= Themapredigt). Die Anwendung der klassischen Rededisposition auf beide Typen reicht von ihrer sklavischen Nachahmung bis zur völligen Ablehnung. Die kunstlose Richtung befürwortet ein striktes Vorgehen nach der textlichen Reihenfolge (secundum ordinem textus). Ein modifiziertes klassisches Schema setzt sich aus Einleitung (Exordium), Durchführung (Tractatio intermedia) und Schluß (Epilogus, seu Peroratio) zusammen. Daneben gibt es auch das erweiterte Redeschema, das als Vorspann zu Exordium, Propositio, Confirmatio, Confutatio und Conclusio (Peroratio) noch die Verlesung einer Bibelstelle und eine Invokation vorsieht (Andreas Hyperius, 16. Jh.). Schließlich können logische Gesichtspunkte hinzutreten, wie das folgende Strukturgerüst bezeugt : Thema, Exordium (bzw. Prothema oder Antethema), Gebet, Einführung des Themas, Divisio, Explicatio, Applicatio. Der Grund für diese starke Gliederungsdivergenz liegt in der unterschiedlichen theologischen Richtung der Rhetores Christiani.

B 5 Der Anglikaner John Donne (16./17. Jh.) gibt in einer Predigt (No. 11) ein Muster der DIVISIO eines THEMAS. Das THEMA lautet:

PSA. 68. VERS. 20. IN FINE. And unto God the Lord Belong the Issues of Death, i.e. from Death.

Die ersten Sätze der Predigt identifizieren das Thema mit einem Gebäude:

... For first the foundation of this building, (that our God is the God of all salvations) is laid in this; ... this issue of death is liberatio à morte, a deliverance from death .... And then secondly, the buttresses that comprehend and settle this building ... are thus raised; unto God the Lord belong the issues of death, that is, the disposition and manner of our death: .... And then lastly the contignation and knitting of this building ... consists in this ... this issue of death, is liberatio per mortem, a deliverance by death, by the death of this God our Lord Christ Jesus. ... And these three considerations, our deliverance ... from death, in death, and by death, will abundantly do all the offices of the foundations, of the buttresses, of the contignations of this our building; ... .

Dieses Beispiel exemplifiziert gleichzeitig das Verfahren der rhetorischen MEMORIA und der rhetorischen Hermeneutik. Unter dem Gesichtspunkt der Stilkategorien betrachtet, handelt es sich um den Tropus der Allegorie.

4. ORDO NATURALIS - ORDO ARTIFICIALIS

Der Unterschied zwischen natürlicher und künstlicher Disposition betrifft primär die Anordnung des Stoffes, dann auch der Sprachelemente im Satz; letzteres gehört in den Bereich des Stils (Positionsfiguren). Die natürliche Anordnung des Stoffes ist chronologisch ("ab ovo "), die künstliche setzt in der Mitte eines Handlungsablaufs ein ("medias in res "), dessen Voraussetzungen dann durch die Technik der Rückblendung erschlossen werden.

B 6 Für den Ordo Naturalis gibt es zahllose Beispiele (z. B. in Annalistik, Historiographie). Typische Beispiele des Ordo

Artificialis sind Homers " Odyssee ", Vergils " Aeneis ", Miltons " Paradise Lost ", Sophocles' " Oedipus ", Kleists " Der zerbrochene Krug ", das analytische Drama der Gegenwart (Ibsen), der Detektivroman.

III. ELOCUTIO (griech. " lexis ", Stil):
die Kunst, den einmal gefundenen (INVENTIO) und geordneten (DISPOSITIO) Stoff sprachlich auszudrücken. Ihre Behandlung erfolgt in Kapitel C.

IV. MEMORIA (griech. " mneme ", Gedächtnis):
die Kunst, den gefundenen, geordneten und sprachlich eingekleideten Stoff im Gedächtnis festzuhalten. Es handelt sich also um eine Technik, die mündlich geäußerte Texte angeht. Ihr Ziel ist die Schaffung eines " künstlichen Gedächtnisses " (memoria artificialis), welches das " natürliche " komplementiert. Es besteht aus zwei Teilen, Gedächtnisörtern und Gedächtnisbildern (Blum, Yates).

1. Örter (loci), reale und erfundene, haben in der Memoria die Funktion, Texteinheiten systematisch zu ordnen. Die mnemotechnische Grundeinheit ist ein Raum mit fünf Örtern. Typen sind Patrizierhaus, Tempel, Kathedrale, Theater, Landschaft. Die Gedächtnisörter sollen mittelgroß, einander unähnlich, seriell und periodisch besonders markiert sein. Den Charakter von Fundstätten teilen sie mit den " loci " der INVENTIO, die strukturierende Funktion mit der DISPOSITIO.

2. Bilder (imagines), welche die Gedächtnisinhalte visualisieren, werden von der Phantasie an einzelnen Merkörtern deponiert und können nach Bedarf von dort wieder hervorgeholt werden. Sie sollen möglichst nicht statisch, sondern dynamisch (imagines agentes), nicht schlicht und unauffällig, sondern pathoshaltig und außergewöhnlich sein. Es gibt gestellte Bilder und dramatische Bildszenen. Die Wahl der Bilder (z. B. Prosopopoiie) sowie ihre Verlebendigung führt in den Sektor der ELOCUTIO, besonders wenn die Prinzipien der MEMORIA in schriftlichen Texten fixiert sind.

B 7 In einem fingierten Rechtsfall ist der Freund des Rhetorikers Wilson des Diebstahls, Ehebruchs, Mordes, Verrates und der Ausschweifung angeklagt. Um sich diese Anklagepunkte einzuprägen, fingiert Wilson einen Raum mit fünf Merkörtern, an denen er folgende statische Bilder deponiert : an der Tür den mythologischen Rinderdieb Cacus, am Fenster Venus, auf dem Bett Richard III., im Kamin den Schwarzen Schmied, einen bekannten Verräter, im Schrank den Schlemmer Apitius. Historische und mythologische Exempla visualisieren also die abstrakten Begriffe, deren Reihenfolge im Gedächtnis durch wiederholtes Aufsuchen der Gedächtnisörter festgehalten wird.

(b) Die Anwendung der rhetorischen Mnemotechnik auf die Predigt exemplifiziert John Donne in B 5, wo allerdings ein bildloses Lokativ (ein Gebäude) erscheint.

V. ACTIO - PRONUNTIATIO: (griech. " hypokrisis ", Vortrag): die Kunst, Stimme (vox), Gesichtsausdruck (vultus) und Körperhaltung (gestus) in Einklang (aptum) mit dem memorierten Text zu bringen. Wie die Mnemotechnik ist die Vortragskunst also auf mündlich dargebotene Texte bezogen. Statt einer Darstellung dieser Kunst sollen daher einige Hinweise auf ihre historische Weiterentwicklung erfolgen. Die PRONUNTIATIO wird heute in Gestalt von Sprechkunde und Sprecherziehung gepflegt (Winkler, Geißner). PRONUNTIATIO und ACTIO bilden ferner seit der Renaissance die Grundlage der neuzeitlichen Schauspielkunst (Joseph); noch in Lessings Theorie vom Schauspieler sind sie wirksam (Jens (mit Bibl.)). Aus Ansätzen bei Quintilian entwickelt schließlich John Bulwer 1644 eine komplexe Handrhetorik (" Chirologia " & " Chironomia "), die man als erstes Zeichensystem für Taubstumme ansehen kann.

B 8 In Shakespeares " The Two Gentlemen of Verona " (IV. iv.) finden sich folgende Verse:

... I did play a lamentable part:
Madam, 'twas Ariadne passioning
For Theseus' perjury and unjust flight ;
Which I so lively acted with my tears
That my poor mistress, moved therewithal,
Wept bitterly; and would I might be dead
If I in thought felt not her very sorrow!

Die hier formulierte Auffassung vom Schauspiel als einer Illusionskunst basiert auf dem ACTIO-Theorem, der Redner müsse erst selbst bewegt sein, ehe er andere bewegen könne. In diesem Fall scheint sogar ein direkter Bezug zu dem berühmten Horazischen Postulat gegeben zu sein: " si vis me flere, dolendum est primum ipsi tibi ". Es bildet die Grundlage für den schauspielerischen Realismus (" lively acted ") der Neuzeit. Das dazu erforderliche Kunstvermögen hat man als Einfühlung, Selbsttäuschung und In - lusion bezeichnet.

VI. WERTUNG. Die fünf rhetorischen Bearbeitungsphasen besitzen eine große Bedeutung für die Entwicklung anderer Kunstformen : Poetik, Musik (vgl. J. S. Bachs " Inventionen "), Malerei (vgl. die Kolorierungstheorie bei L. B. Alberti), Mnemotechnik und Schauspielkunst. In dieser Hinsicht sind die " partes artis " von großem kulturhistorischen Interesse. Dem heutigen Textanalytiker muß jedoch daran liegen, das historisch Bedingte an der Rhetorik zu eliminieren, sofern sie die Grundlage für eine allgemeingültige Interpretationsmethode bilden soll. Nun zeigt sich bei einem Rückblick auf die vorangegangene Darstellung, daß MEMORIA und ACTIO nur für die mündliche Rede gelten, die DISPOSITIO zu gering entwickelt ist und das scholastische System der INVENTIO eine relativ begrenzte Anwendbarkeit besitzt. Es bleibt die ELOCUTIO, welche wegen ihrer Differenziertheit und ihrer Unabhängigkeit von spezifischen Textsorten ein Instrumentarium zur deskriptiven Formalanalyse von Texten jeder Art bietet. Sie soll daher in dieser Darstellung den breitesten Raum einnehmen.

Übungen

Ü 5 Der amerikanische Politologe H. D. Lasswell entwarf zur Beschreibung des Kommunikationsvorgangs folgenden Fragenkatalog: " Who says what in which channel to whom with what effect? " Dieser Katalog umfaßt die Forschungsbereiche Kommunikator-, Aussage-, Medien-, Rezipienten- und Wirkungsforschung . Das Problem lautet: Hat die sog. " Lasswell-Formel " Gemeinsamkeiten mit dem Topos-Kanon ("quis, quid, ubi ...") der antiken Rhetorik? (vgl. H. Prakke, " Die Lasswell-Formel und ihre rhetorischen Ahnen ", Publizistik 10 (1965), 285 - 291).

Ü 6 Analysieren und exemplifizieren Sie folgende Definitionen erzähltechnischer Begriffe im Hinblick auf die DISPOSITIO:

" story (Stoff) = a narrative of events arranged in their time-sequence ";

" plot (Fabel) = a narrative of events, the emphasis falling on causality ";

" mystery plot : It suspends the time-sequence, it moves as far away from the story as its limitations will allow. "

(nach E. M. Forster, Aspects of the Novel, Harmondsworth, 1962, pp. 93-94).

Ü 7 Was kann eine DISPOSITIO-Analyse zum Formverständnis von Hamlets Brief an Ophelia (Hamlet. II. ii. 109) und Macbeths Brief an seine Gemahlin (Macbeth. I. v. 1) beitragen ?

Ü 8 Verschiedene Abhandlungen des 16. Jhs. interpretieren Dantes " Divina Comedia " unter dem Aspekt der rhetorischen MEMORIA. Erklären Sie, warum !

Ü 9 Vergleichen Sie folgende Exzerpte aus Bertolt Brechts " Neue Technik der Schauspielkunst " mit B 8:

" Der Schauspieler läßt es auf der Bühne nicht zur restlosen Verwandlung in die darzustellende Person kommen. Er ist nicht Lear, Harpagon, Schwejk, er zeigt diese Leute... (Er) bringt ... seinen Text nicht wie eine Improvisation, sondern wie ein Zitat. ... Der Schauspieler ... hat uns diese Vorgänge und Personen zu verfremden."

C. RHETORISCHE STILISTIK

Die ELOCUTIO als Lehre vom sprachlichen Ausdruck gliedert sich in drei Bereiche:

I. Stilprinzipien (virtutes elocutionis),
II. Stilkategorien (figurae elocutionis),
III. Stilarten (genera elocutionis).

Diese Bereiche bedingen und überlappen einander. Die Stilarten sind durch bestimmte Stilkategorien und - prinzipien charakterisiert. Die Stilkategorien unterliegen in ihrer Anwendung auf stoffliche Gegebenheiten (INVENTIO) gewissen leitenden Grundsätzen. Die Stilprinzipien schließlich sind ohne Stilkategorien und Stilarten nicht zu verwirklichen. Für eine rhetorische Textanalyse sind alle drei Sektoren relevant. Wir beginnen mit dem Fundament des ELOCUTIO-Gebäudes: den Stilprinzipien.

I. STILPRINZIPIEN

Die Schulrhetorik unterscheidet positive und negative Stilqualitäten - " virtutes " und " vitia " - und impliziert damit ein Werturteil. Wertfrei betrachtet, handelt es sich indes um ein zweipoliges (binäres) System fundamentaler Kriterien, welche den Funktionsspielraum von Stilkategorien und Stilarten umreißen. Art und Anzahl derselben schwanken (Volkmann, Lausberg, Wilson). In der Regel differenziert man vier Stilprinzipien: 1. Angemessenheit, 2. Sprachrichtigkeit, 3. Klarheit, 4. Schmuck (und deren Oppositionen), doch sei hier ein weiteres von hoher Bedeutung hinzugefügt: 5. Evidenz.

1. Angemessenheit

Eine zentrale Rolle spielt in der rhetorischen und poetischen Theorie das Angemessene (aptum), auch - mit ethischem Akzent - als das Schickliche (decorum) bezeichnet. Es bildet die Grundlage für jede rhetorische Kongruenz. Diese Kongruenz betrifft einmal die funktionalen Beziehungen der Textbearbeitungsstufen untereinander, zum anderen die kommunikativen Relationen Stil - Autor/Sprecher bzw. Rezipient bzw. Textsituation. Beide Kongruenztypen überschneiden einander. In jedem Einzelfall gestattet die Einhaltung des Angemessenen einen reibungslosen Ablauf der Textvermittlung. Seine Funktion ist eine konservative: die Wahrung der erwartbaren Aktionen und Reaktionen in allen Bereichen, die durch den Kommunikationsvorgang affiziert sind. Das Gegenteil davon, das Unangemessene (inaptum), hingegen ist ein revolutionärer Faktor, wenn man es funktional einsetzt. Es verfremdet den Textbereich - durch a-topische Fügungen ; den psychologischen Bereich - durch Schocks; den ethischen Bereich - durch Infragestellung der Werthierarchie; den sozialen Bereich - durch Umkehrung der Gesellschaftsstruktur. Folgendes zeigt sich hier: Das Angemessene ist nicht nur ein Stilprinzip, sondern reicht in alle menschlichen Aktivitäten hinein. M. a. W. : Es ist eine anthropologische Kategorie (vgl. Fischer).

Im folgenden seien einige Kongruenzen kurz behandelt:

1.1. Stil - Autor / Sprecher

Die Kongruenz dieser Beziehung besteht darin, daß der Sprecher eine seinem Ethos angemessene Ausdrucksweise wählt. Mißglückt ihm dies, so wirkt er unglaubhaft, wenn nicht lächerlich (vgl. das Rüpelspiel in Shakespeares " Sommernachtstraum "). Intentional verwendet, führt das Unangemessene zu einem schockierenden sozialkritischen oder heuchlerischen Rollenspiel (z. B. Hamlet oder Richard III. bei Shakespeare).

1.2. Stil - Rezipient

Das publikumsbezogene " aptum " fächert sich auf in eine Vielzahl von Perspektiven, die einmal durch den Stil (Kategorien, Arten), zum anderen durch die menschlichen Lebensbereiche gesetzt werden. Es bleibt nicht konstant, sondern ist einem ständigen historischen Wandel unterworfen. Das Kongruenzstreben der Stiltheoretiker manifestiert sich beispielhaft in der mittelalterlichen Adäquation von Stilebene und Stand (hohe Stilebene - hoher Stand usw.). Ein " inaptum" in der Beziehung Stil - Publikum zerstört Konventionen (z. B. bei Obszönität, kühner Metapher, niedrigem Stil für Hohes; Texte : manieristische Literatur, Underground - Literatur).

1.3. Stil - Textsituation

Textsituation bzw. Redeanlaß sind bestimmt durch Faktoren des gesellschaftlichen Normensystems. Die kommunikative Kongruenz besteht hier in der Wahl des richtigen (d.h. allgemein anerkannten) Stilregisters : z. B. eines formellen Registers für einen offiziellen Anlaß. Eine Verletzung dieser Kongruenz wirkt provokatorisch.

1.4. Stil - Stoff

Das Postulat einer Kongruenz von Stil und Stoff impliziert den Gedanken einer prästabilierten Harmonie, die es in der Sprache zu spiegeln gelte. Dies kommt am deutlichsten in den mittelalterlichen Gleichungen von hohem Stoff - hohem Stil, mittlerem Stoff - mittlerem Stil, niedrigem Stoff - niedrigem Stil (Arbusow, Faral, Quadlbauer) zum Ausdruck. Seitdem diese Konvention durch die " Demokratisierung " (oder besser: Nivellierung) aller Redegegenstände zerbrochen ist, herrscht über diese Art des Angemessenen häufig Unsicherheit (vgl. z. B. die Hyperbolik der Werbeslogans). Institutionalisierte Formen der Stoff-Stil-Inkongruenz sind das paradoxe Enkomion (Lob der Trägheit) und das " mock-heroic epic" (Popes "Rape of the Lock").

2. S p r a c h r i c h t i g k e i t

Sprachrichtigkeit (puritas, Latinitas) ist die Kongruenz des Stils mit dem gegenwärtigen gesellschaftlichen Sprachgebrauch (consuetudo, usage). Als Kriterien für Inkongruenz gelten:

2.1. Das "inaptum" des Alters

Besonders zeigt es sich in der Wortwahl. Veraltete Wörter heißen A r c h a i s m e n (thou = you, Oheim = Onkel), Neuschöpfungen N e o l o g i s m e n (Lessing: Katzenbuckel; heute: temp = temporary clerk (gleichzeitig Beispiel für Apokope)).

2.2. Das "inaptum" der mangelnden Idiomatik

Mangelnde Idiomatik entsteht durch D i a l e k t i s m e n (in Th. Storms "Der Schimmelreiter": "Is wull so wat", entgegnete der Knecht auf Plattdeutsch ... ; vgl. den walisischen Dialekt von Fluellen in Shakespeares "Henry V"), B a r b a r i s m e n ("Fremdwörter" : extemporieren), Archaismen, Neologismen, Katachresen.

2.3. Das "inaptum" grammatikalischer Inkorrektheit

Dieses "inaptum" findet sich

2.3.1. im lautlichen (phonetischen) Bereich, wo durch A p h ä r e s e ('twas - it was, 'n Abend = guten Abend), S y n k o p e (shouldn't = should not, G'nick (dial.) = Genick) und A p o k o p e (runnin', refec = refectory, nach Haus(e)) der Wortkörper am Anfang, in der Mitte und am Schluß v e r k ü r z t wird, durch P r o s t h e s e (esprit - spiritus), E p e n t h e s e (Mavors-Mars) und P a r a g o g e (virtute-virtù) aber an den entsprechenden Stellen e r w e i t e r t wird;

2.3.2. im syntaktischen Bereich, wo der S o l ö z i s m u s den fehlerhaften Gebrauch von Genus, Numerus, Kasus, Tempus, Präposition u. a. m. bezeichnet.

Nur wenige Texte halten sich strikt an das Prinzip der Sprachrichtigkeit ("Purismus"). Liegt ein funktional intendierter Normenverstoß vor, so spricht man von M e t a p l a s m u s (z. B. die Dialektismen in 2.2.); er gehört in den Bereich der dichterischen Lizenz. Als Metaplasmus erscheint das "inaptum" des Wortalters in archaisierender Dichtung (Spensers "The Shepheardes Calender" und Brentanos "Chronika eines fahrenden Gesellen"), das "inaptum" der mangelnden Idiomatik in Dialektdichtung (Robert Burns, Fritz Reuter), das "inaptum" grammatikalischer Inkorrektheit in verschiedenen Positionsfiguren (z. B. Zeugma, Apokoinu).

3. K l a r h e i t

Die Klarheit (perspicuitas, frz. "clarté ") eines Textes zeigt sich darin, daß er nur eine einzige Auslegungsmöglichkeit zuläßt. Ein Text, der mehr als eine Deutung erlaubt, verdunkelt ein exaktes Sinnverstehen (obscuritas). Die Lichtung dieses Dunkels ist Aufgabe einer Hermeneutik, welche die Intention des Autors zu ermitteln sucht. Stilistische Obskurität kann die Folge sprachlichen Unvermögens, aber auch eines bestimmten Ausdruckswillens sein. Der zweite Fall ist die Regel bei poetischen Texten, deren " Unbestimmtheit" durch die " Konkretisation " des Rezipienten ausgefüllt werden muß (Ingarden). Eine mögliche Ursache der Obskurität ist die Z w e i d e u t i g k e i t (ambiguitas, amphibolia). Ihre Wurzel sind u. a. Polysemie (ein beschränktes Publikum: 1. zahlenmäßig, 2. geistig beschränkt), Homonymie (to lie: 1. liegen, 2. lügen) und Ellipse (" Soweit die deutsche Zunge klingt und Gott (Dativ oder Nominativ?) im Himmel Lieder singt." (E. M. Arndt)). Der Ambiguitätsbegriff erhält seine eingehendste Darstellung in William Empsons " Seven Types of Ambiguity " (1939), wo seine (sehr weit gefaßte) Definition lautet: " any consequence of language which adds some nuance to the direct statement in prose." Abgesehen von der Ambiguität haftet auch vielen Tropen und manchen Positions- und Wiederholungsfiguren das Merkmal des Dunklen an (Fuhrmann).

4. S c h m u c k

Schmuck (ornatus) heißt das ästhetische Prinzip in der Elocutio. Die Rhetorik, die durch ihn geprägt ist, heißt Zierrhetorik. Diese ist die Voraussetzung für das Wirkziel des " delectare ". Rhetorische Ornamentik transzendiert das Deutlichkeitsprinzip und bewegt sich - in unterschiedlichen Schattierungen - auf die " obscuritas " zu. Sie ist die Legitimation jeder stilistischen Abweichung, welche durch die Stilkategorien verursacht wird. Die mittelalterliche Rhetorik unterscheidet zwischen SCHWEREM SCHMUCK (ornatus difficilis), wozu primär die Tropen, und LEICHTEM SCHMUCK (ornatus facilis), wozu primär die Figuren gehören. Der " schwere Schmuck " oder schwierige Ornat charakterisiert die mittlere Stilebene; seine größte Künstlichkeit erreicht er im provençalischen " trobar clus " und im italienischen " dolce stil nuovo " (Arbusow, Faral, Friedrich). Zu wenig Schmuck führt zu kahler Nüchternheit (z. B. in wissenschaftlichen Texten), zu viel zum K a k o z e l o n (mala affectatio), der gezierten Affektiertheit, welche auch Kühnheit, Preziösität, Schwulst heißt (Windfuhr). Es erübrigt sich, auf die weiteren Nuancen (z. B. kraftvoller, sanfter, eleganter ... Schmuck (vgl. Lausberg)) einzugehen. Der Schmuck wird oft als bloße Zutat zum kahlen Stoff betrachtet und - eine Folge der Organismusästhetik - abgewertet. Man vergißt dabei aber einmal seinen Eigenwert und zum anderen die Tatsache, daß er integrierender Bestandteil jeder guten Dichtung ist.

5. Evidenz

Evidenz (evidentia, enargeia, hypotyposis) bedeutet das Prinzip der Anschaulichkeit, des Vor-Augen-Stellens von etwas (ante oculos ponere). Im Gegensatz zur Klarheit, welche intellektuell belehrt, und zum Schmuck, welcherdas ästhetische Vermögen bereichert, eignen sich die Mittel der Evidenz zum Bewegen der Affekte. Der Grund dafür ist das eindringliche Phantasiebild, das durch die Verlebendigung von Totem(vgl. kinetische Metapher, Prosopopoiie), durch die Vergegenwärtigung von Vergangenem bzw. Zukünftigem (z. B. im " epischen Präsens "), durch die Aktualisierung von Abwesendem (Teichoskopie) im Rezipienten erzeugt wird. Dieser wird zum " fiktiven Augenzeugen " (Lausberg) eines inneren Schauspiels, wozu der Text manchmal durch die " cernas "-Formel (" sieh' doch, wie ...") ausdrücklich einlädt. Eigenschaften dieses Schauspiels sind Konkretheit, Aktualität und Bewegung. Das Endziel der " enargetischen " Darstellung ist die Ununterscheidbarkeit von Fiktion und Wirklichkeit, modern gesprochen: eine realistische Wirkung. Dazu tragen die meisten rhetorischen Stilkategorien bei, vor allem Amplifikation, Tropen und Appellfiguren. Die Voraussetzung dafür ist das Meiden von elokutioneller Affektiertheit oder - positiv formuliert - das Verbergen des rhetorischen Kunstcharakters (celare artem).

Übungen

Ü 10 Erläutern Sie folgende kommunikative Interpretation des Rhetorikbegriffs im Lichte des Prinzips der Angemessenheit:

> Die Differenzierung der Reden nach den Hörergruppen trägt der inzwischen soziologisch gesicherten Tatsache Rechnung, daß jede Bezugsgruppe ein bestimmtes Rollenverhalten vom Inhaber einer bestimmten sozialen Person erwartet; daß diese Rollenerwartungen die sozialen Rollen definieren, gilt ... auch für die "Rederollen".
> ... Hier wird für den rhetorischen Kommunikationsprozeß nicht nur die Differenzierung nach Alters- und Geschlechtsrollen erforderlich, ... sondern vor allem die Differenzierung nach Berufsrollen. ... Die Bezugsgruppe ahndet ein rollenunspezifisches Sprechverhalten mit Sanktionen ... .
>
> H. Geißner, " Rede in der Öffentlichkeit", p. 57.

Nennen Sie Beispiele dafür aus Kunst und Realität.

Ü 11 Interpretieren Sie die Reden des Riccaut in Lessings " Minna von Barnhelm " im Hinblick auf die zutreffenden Stilprinzipien.

Ü 12 Ermitteln Sie die verschiedenen Auslegungsmöglichkeiten des Satzes "Ship sails today"

II. STILKATEGORIEN

Stilkategorien bezeichnen sprachliche Änderungsformen, durch die ein Text den Bereich des bloß grammatisch Richtigen (ars recte dicendi) transzendiert. Dies bedeutet zweierlei:

1. Sie sind dynamische Kategorien, die den Text unter dem Aspekt seiner Herstellung beschreiben.
2. Sie sind Kategorien sprachlicher Abweichung (Deviation), deren Beschreibung auf dem Hintergrund der bloßen Grammatikalität erfolgt.

Folgende Änderungsmöglichkeiten zieht die Rhetorik in Betracht: Texteinheiten werden 1. umgestellt, 2. wiederholt, 3. erweitert oder gekürzt, 4. "gerichtet", 5. ersetzt. Demnach erweisen sich als relevant die Kategorien 1. der Position, 2. der Wiederholung, 3. der Quantität, 4. des Appells, 5. der Substitution (Qualität). Für die Gruppen 1 bis 4 kennt die normative Stilistik die Bezeichnung "Figuren"; die fünfte Gruppe bilden die Tropen. Weil aber auch für die Gesamtheit von Figuren und Tropen der Terminus "Figur" benutzt wird, ist er in dieser Bedeutung durch "Stilkategorie" ersetzt. Besonders verwirrend erscheint darüber hinaus die traditionelle Scheidung von Wortfiguren und Gedankenfiguren, zumal unter letzteren fast alle Tropen noch einmal aufgeführt sind (Lausberg). Es wird hier daher nur die Unterteilung von Figuren und Tropen beibehalten, wobei die Zwischenstellung der Appellfiguren besonders hervorgehoben sei.

1. Positionsfiguren

Die syntaktische Position von Textsegmenten zu beschreiben ist Aufgabe der Grammatik. Für eine rhetorische Analyse wird die Kategorie der Position erst dann relevant, wenn ihr ein elokutioneller Funktionswert zukommt. Dieser tritt in zwei Fällen deutlich hervor:

1.1. in der Durchbrechung regulärer syntaktischer DISPOSITIO,
1.2. in der Insistenz auf regulärer syntaktischer DISPOSITIO.

Jedesmal handelt es sich um eine Übertragung des " ordo artificialis " auf das Gebiet des Stils.

1.1. Die syntaktische abweichende DISPOSITIO umfaßt folgende Positionsfiguren:

1.1.1. Inversion (inversio, reversio, anastrophe): Verkehrung der sprachüblichen syntaktischen Wortstellung. Sie erscheint u.a. als

a) Nachstellung des Adjektivs hinter das Nomen

B 9 It was the winter wild ... (Milton)
(b) Als Büblein klein an der Mutterbrust ... (Mosental/Nicolai)

b) Nachstellung der Präposition hinter das Nomen

B 10 For faults no man lives without.

(b) Des Klimas wegen zog er in den Süden.

c) Voranstellung des Objektes vor das Verb

B 11 Of man's first disobedience ... / Sing, Heavenly Muse (Milton, "Paradise Lost") - vgl. dagegen Bodmers Übersetzung: Singe, himmlische Muse, von dem ersten Ungehorsam des Menschen ... .

d) Voranstellung des Genitiv - Attributs

B 12 Sing, unsterbliche Seele, der sündigen Menschen Erlösung ...
(Klopstock, "Messias")

(b) Hail, holy Light, offspring of Heaven first-born!
Or of th' Eternal coeternal beam ...
(Milton, "Paradise Lost" III)

e) Hypallage (heute auch häufig: Enallage): Positionsänderung eines Wortes (besonders eines Attributs) durch Vertauschung seiner syntaktischen Beziehung.

B 13 Eine warme Flasche Milch (statt: eine Flasche warmer Milch).

(b) Alas, what ignorant sin have I committed?
(Shakespeare, "Othello").

Die Hypallage ist gleichzeitig ein "Spezialfall der Metonymie" (Hommel) und somit der Tropen. Die anschauliche Benennung Puttenhams lautet "the Changeling".

Allen diesen Inversionsformen ist das Moment der Abweichung von der syntaktischen Normallage gemeinsam. Ihre Motivation liegt etwa in den Erfordernissen des Metrums, der Emphase oder in einer manierierten Spielerei. Die Typen a) - c) wirken oft archaisch.

EXKURS: Hysteron proteron ("das Spätere zuerst"): Verkehrung der logisch oder chronologisch korrekten Folge im Text. Das Hysteron proteron ist also im gedanklichen Bereich dasselbe, was die Inversion im syntaktischen darstellt.

B 14 Ihr Mann ist tot und läßt Sie grüßen
(Goethe, "Faust").

(b) When we had climbed the cliffs and were ashore
(Puttenham).

1.1.2. Hyperbaton (transgressio verbi) = "Sperrung": Trennung zweier syntaktisch eng zusammengehörender Wörter (z. B. Adjektiv-Substantiv, Adverb-Verb) durch Einschalten eines konstruktionsfremden dritten Elements.

B 15 Der Augenzeugen gab es viele, aber keiner wollte etwas gesehen haben.
(b) This is the kind of impertinence up with which I will not put (Churchill)

Besonders beliebt ist das Hyperbaton im Zusammenhang mit der Epiphrase, dem amplifizierenden Nachtrag syntaktischer Einheiten:

B 16 Die Männer sind bedroht, die Frauen und die Kinder.
(b) He was looked up to by all the people, respected, admired, and adored.

Dem Hyperbaton als Sperrung von Wörtern korrespondiert auf der Wortebene die T m e s i s als "Sperrung von Wortteilen" (z. B. " how heinous e'er it be " (Shakespeare) = " however heinous it be "), auf der Satzebene die Parenthese als "Sperrung von Satzteilen", auf der Textebene die Digression als "Sperrung von größeren Texteinheiten".

1.1.3. S y n c h y s e (synchysis, confusio): " ein durch die (meist wiederholte) Verwendung der Anastrophe und des Hyperbaton bewirktes Chaos der Wortfolge im Satz " (Lausberg II). Die Synchyse trägt damit zur Obskurität des Sinnes bei.

B 17 Is piety thus and pure devotion paid? (Milton)

Ein Sonderfall dieser DISPOSITIO sind die meist triadisch gegliederten v e r s u s r a p p o r t a t i (correlative verse):

B 18
1 2 3 1 2 3
Virtue, beauty, and speech, did strike, wound, charm,
1 2 3 1 2 3
My heart, eyes, ears, with wonder, love, delight:
1 2 3 1 2 3
First, second, last, did bind, enforce, and arm ,
1 2 3 1 2 3
His works, shows, suits, with wit, grace, and vow's might.
(Philip Sidney)

1.2. Die syntaktisch gleichförmige DISPOSITIO umfaßt die verschiedenen Spielarten des I s o k o l o n (Parallelismus): der syntaktischen Koordination gleichrangiger Texteinheiten. Diese werden unterteilt in

P e r i o d e: langes, kunstvoll gegliedertes Satzgefüge, das aus mehreren Kola besteht und der Darstellung eines abgeschlossenen Gedankens dient.

K o l o n: ein sprachliches Segment, das innerhalb einer Periode eine relativ selbständige Sinneinheit darstellt und in der Regel mehr als drei Wörter umfaßt.

K o m m a: ein sprachliches Segment, das keine selbständige Einheit innerhalb eines Kolons darstellt und in der Regel aus weniger als drei Wörtern besteht.

Die Anordnung der koordinierten Texteinheiten ist entweder identisch oder beinahe identisch (P a r i s o n); Schema: a + b + c / a' + b' + c'. Werden die korrespondierenden Glieder überkreuzgestellt (Schema: a + b / b' + a'), so liegt (benannt nach dem griechischen Buchstaben " chi ") ein C h i a s m u s vor; dieser wird häufig als syntaktische Einfassung der Antithese verwandt. Dagegen spielt die Isokolie eine wesentliche Rolle bei der Wiederholung (z. B. Anapher, Epipher). Sie besitzt die Eigenschaften ritueller Formelhaftigkeit (im sog. hebräischen Parallelismus der biblischen Schriften), logischer Strenge und ästhetizistischer Manieriertheit (Gorgias, Isokrates, Lyly).

B 19 There dwelt in Athens
a young gentleman
3 of great patrimony
and of so comely a personage,
that it was doubted
6 whether he was more bound
to nature
for the lineaments of his person,
9 or to fortune
for the increase of his possessions.
(J. Lyly, " Euphues ", 1. Satz)

Der hier zerlegte Satz stellt eine rhetorische Personenbeschreibung (descriptio personae) dar, deren Details (patrimony, personage, nature, fortune, possessions) alle der INVENTIO der epideiktischen Redegattung entstammen. Die einzelnen Kola sind derart korreliert, daß im Haupt- und Nebensatz 1 und 5, 2 und 6, 3 und 9/10, 4 und 7/8 in Beziehung stehen. 3/4, 7/9 und 8/10 sind Parisa. Die Stilsituation wird dadurch kompliziert, daß der Nebensatz (5-10) den Hauptsatz (1-4) in Form eines disjunktiven indirekten Fragesatzes erweitert (amplificatio); die Glieder des Parison 3/4 werden dabei in chiastischer Form wiederholt: 3 + 4: 7/8 (=4') + 9/10 (=3'). Der Inhalt bleibt der gleiche, doch wird er durch Synonyma (patrimony/possessions; person/personage) variiert. Das Fazit lautet: Es herrscht ein syntaktisch-semantisches Wechselspiel von Variation und Identität, dessen Wirkziel das ästhetische " delectare "ist. Der Text lenkt die Aufmerksamkeit des Rezipienten nicht auf Textexternes (Denotation), sondern weist auf sich selbst zurück (Konnotation).

Ü b u n g e n

Analysieren Sie folgende Texte:

Ü 13 Die Sonn' , der Pfeil, der Wind, verbrennt, verwundt,
weht hin,
Mit Feuer, Schärfe, Sturm, mein Augen, Herze, Sinn.
Opitz, " Epigramma " .

Ü 14 O sing unto the Lord a new song; sing unto the Lord all the earth.
Sing unto the Lord, bless his name; shew forth his salvation from day to day.
Psalm 96 (Authorized Version)

Ü 15 Ein leicht Gewölbe brach des Mondes Silberschimmer.
Wieland, " Musarion ".

Ü 16 CHRISTY. (With rapture.) If the mitred bishops seen you that time, they' d be the like of the holy prophets, I' m thinking, do be straining the bars of paradise to lay eyes on the Lady Helen of Troy, and she abroad, pacing back and forward, with a nosegay in her golden shawl.
Synge, " The Playboy of the Western World ", III.

Ü 17 TAU. Und ich lag mit dir, du, im Gemülle,
ein matschiger Mond
bewarf uns mit Antwort,

wir bröckelten auseinander
und bröselten wieder in eins:

der Herr brach das Brot,
das Brot brach den Herrn.
Celan, " Fadensonnen ".

Ü 18 As Caesar loved me, I weep for him; as he was fortunate, I rejoice at it; as he was valiant, I honour him; but as he was ambitious, I slew him. There is tears for his love; joy for his fortune; honour for his valour; and death for his ambition.
Shakespeare, "Julius Caesar", III. ii.

2. Wiederholungsfiguren

Wiederholung (repetitio) bedeutet die Rekurrenz von Identischem oder Ähnlichem in der Umgebung von Verschiedenem. Sie ist daher das schlechthin Konstante, das sich gegen den Strom des Neuen behauptet. Daraus resultiert ein Spannungsverhältnis, dessen Abbau nur durch die jeweilige Übergewichtsnahme des Wiederholten oder des Neuen erfolgen kann. An dem einen extremen Ende kommt der Informationsfluß völlig zum Erliegen (Formel: a a a a a a ...): Die stete Wiederholung des Gleichen erzeugt Langeweile (taedium). An dem anderen Extrem häuft sich die Information derart, daß kein Verweilen möglich ist (Formel: a b c d e f ...): Das Ergebnis kann Dunkelheit (obscuritas) sein. Beide Fälle kommen in der Realität kaum vor. Der Regelfall ist vielmehr ein Text, in dem das Ähnliche (Konstante) und das Unähnliche (Neue) in irgendeinem Mischungsverhältnis zueinander stehen (Formel: a b c a d c e b d f g h f...).

Von welcher Art sind Wiederholungen? Die Antwort auf diese Frage ist ein Katalog von Kriterien, welche das Phänomen Wiederholung klassifizieren helfen:

POSITION:	Wo wird wiederholt?
FREQUENZ:	Wie oft wird wiederholt?
SIMILARITÄT:	Welches wird wiederholt?
EXTENSION:	Wie Großes wird wiederholt?
FUNKTION:	Wozu wird wiederholt?

Die Kriterien überschneiden einander bei der Beurteilung einzelner Fälle von Wiederholung. Ihre isolierte Behandlung im Rahmen von Wiederholungsklassen rechtfertigt sich allein aus Gründen der analytischen Differenzierung.

2.1. Positionsklasse

Zwischen primärer Setzung a_1 und sekundärer Setzung a_2 einer Spracheinheit liegt jeweils eine Strecke x (y, z), welche die Position der sekundären Setzung a_2 bestimmt. Es ergeben sich nun die Fälle x=0 und x=1, 2, 3, ... Spracheinheiten. Daraus sind die Unterklassen a_1a_2 und $a_1x(1, 2, 3...)a_2$ ableitbar. Ihre Charakteristika sind die Kontiguität bzw. die Distanz der Wiederholungsglieder. Zur ersten Unterklasse gehören die Figuren 2.1.1. - 2.1.3., zur zweiten die Figuren 2.1.4. - 2.1.7.

2.1.1. Geminatio(iteratio, epizeuxis): Kontiguität der Wiederholungsglieder. Sie kann am Anfang, in der Mitte oder am Ende einer Satzeinheit (eines Verses) erfolgen und dient der vereindringlichenden Wirkung.

a) Am Anfang: / a_1a_2 ... /

B 20	Dich, dich strömt mein Lied	(Goethe, " Wanderers Sturmlied ")
(b)	Out, out, brief candle!	(Shakespeare, "Macbeth")

b) I n d e r M i t t e: $/ \ldots a_1 a_2 \ldots /$

B 21 Die Blätter fallen, fallen wie von weit (Rilke, "Herbst")
(b) O my Luve' s like a red, red rose (Burns)

c) A m E n d e: $/ \ldots a_1 a_2 /$

B 22 Singet leise, leise, leise (Brentano, "Wiegenlied")
(b) Well, is it, is it? (Shakespeare, "Antony and Cleopatra")

Die Kontiguität kann durch den Einschub eines kurzen Satzelements (D i a k o p e , diastole , separatio) gelockert werden:

B 23 Work on, my medicine, work! (Shakespeare, "Othello")

2. 1. 2. A n a d i p l o s e: (reduplicatio): Kontiguität des jeweils letzten und ersten Gliedes zweier aufeinanderfolgender syntaktischer oder prosodischer Einheiten: $/ \ldots a_1 / a_2 \ldots /$

B 24 O Sonne der Wonne!
O Wonne der Sonne! (Fleming: " Auf die italienische Weise: 'O fronte serena' ")

In diesem Beispiel liegen außerdem ein chiastisches Isokolon und eine Diakope (Interjektion "o") vor.

(b) Lord, I confess my sin is great;
Great is my sin. (Herbert, "Repentance")
(mit Chiasmus)

2. 1. 3. G r a d a t i o: (climax, connexio): mehrfache Wiederholung des Typs $/ \ldots a_1 / a_2 \ldots /$, bei unterschiedlicher phonetischer und semantischer Füllung. Also: $/ \ldots a_1/a_2 \ x \ b_1/b_2 \ y \ c_1/c_2$.

B 25 Loving in truth, and fain in verse my love to show,
That the dear She might take some pleasure of my pain:
Pleasure might cause her read, reading might make her know,
Knowledge might pity win, and pity grace obtain ...
(Sidney, " Astrophil and Stella ", 1)

Die Verse enthalten gleichzeitig Beispiele für Diakope (VV. 2/3, 4), Parison (VV. 3, 4) und Polyptoton (VV. 1, 3, 4).

2. 1. 4. K y k l o s (redditio): Die Wiederholungsglieder stehen am Anfang und Ende derselben Satz- bzw. Verseinheit. Formel: $/ a_1 \ x \ a_2 /$.

B 26 Heute, nur heute
Bin ich so schön;
Morgen, ach morgen
Muß alles vergehn!
Nur diese Stunde
(Storm, " Lied des Harfenmädchens")

Bist du noch mein Sterben, ach sterben Soll ich allein.	Dieses Beispiel kann auch unter dem Aspekt der Diakope interpretiert werden.

(b) Remember March, the ides of March remember.
(Shakespeare, "Julius Caesar")

2.1.5. A n a p h e r (anaphora, relatio): Die Wiederholungsglieder stehen am Anfang von zwei oder mehr Satz- bzw. Verseinheiten. Formel: / a_1 x/ a_2 y/.

B 27

Das ist gut. Das ist sehr gut. Das ist uralt Lavendel!
Das ist rein. Das ist frisch. Das ist uralt Lavendel.
(Werbespruch)

(b) Not heaving from my ribb'd breast only,
Not in sighs at night in rage dissatisfied with myself,
Not in those long-drawn, ill-supprest sighs,
Not in many an oath and promise broken,
Not in my wilful and savage soul's volition,
Not in the subtle nourishment of the air,
....
Not in any or all of them O adhesiveness! O pulse of my life!
Need I that you exist and show yourself any more than in these songs.
(Whitman, "Leaves of Grass")

2.1.6. E p i p h e r (epiphora, antistrophe, epistrophe, conversio): Die Wiederholungsglieder stehen am Ende von zwei oder mehr Satz- bzw. Verseinheiten. Formel: /x a_1/ y a_2/.

B 28

" Doch alle Lust will Ewigkeit -
- Will tiefe, tiefe Ewigkeit!"
(Nietzsche, " Um Mitternacht ")

Die Epipher erscheint hier in der Sonderform des H o m o i o t e l e u t o n, dem antiken Vorläufer des Reims.

(b) I'll have my bond! Speak not against my bond!
I have sworn an oath that I will have my bond.
(Shakespeare, "The Merchant of Venice")

2.1.7. S y m p l o k e (complexio): Verbindung von Anapher und Epipher. Die Wiederholungsglieder stehen je am Anfang und Ende von zwei oder mehr Satz- bzw. Verseinheiten. Formel: /a_1 x b_1 / a_2 y b_2 /.

B 29

Most true that I must fair Fidessa love,
Most true that fair Fidessa cannot love,
Most true that I do feel the pains of love,

Most true that I am captive unto love.
(Griffin, "Fidessa", 62)
(z. T. Gebrauch des Parison)

2.2. Frequenzklasse

Die Häufigkeit einer Wiederholung heißt Frequenz. Ihre beiden extremen Möglichkeiten sind die einmalige und die unendliche Wiederholung. Die einmalige Wiederholung ist die Vorbedingung für Wiederholung überhaupt, die unendliche Wiederholung die volle Ausschöpfung dessen, was Wiederholung sein kann. Es fragt sich, ob sich weitere Klassifizierungen ermöglichen lassen, es sei denn, man erkennt jeder Frequenzzahl den Status einer Unterklasse zu. Eine Wiederholungsfigur, die durch die Merkmale Position und Frequenz bestimmt ist, stellt die Gradatio (2.1.3.) dar. Die überflüssige inhaltliche Wiederholung heißt Pleonasmus (z.B. "weißer Schimmel", " female woman "), die exzessive hingegen Tautologie (nugatio).

B 30

Ich werde Sie immer und ewig, voll und ganz, mit Herz und Hand unterstützen.
(Es handelt sich hier um tautologische Wortpaare, die als Hendiadyoin (gr. =eins durch zwei) jeweils einen Begriff durch zwei synonyme Ausdrücke intensivieren.)

(b) If you have a friend, keep your friend, for an old friend is to be preferred before a new friend, this I say to you as your friend. (Peacham).
(Exzessive Repetition, die zum Überdruß (taedium) führen kann).

2.3. Similaritätsklasse

Das Kriterium der Ähnlichkeit kann bei der Wiederholung zweifach ausgelegt werden, einmal als totale Ähnlichkeit: Identität (Formel:$a_1 \equiv a_2$), zum anderen als partielle Ähnlichkeit: Affinität (Formel: $a_1 \sim a_2$). Die Ähnlichkeit steht dabei unter zwei Gesichtspunkten, dem lautlichen (phonetischen) und dem inhaltlichen (semantischen).

2.3.1. Identität der Wiederholung

Sie besagt die völlige phonetische und semantische Gleichheit der Wiederholungsglieder.

B 31

a rose is a rose is a rose is a rose ... (Stein).

2.3.2. Affinität der Wiederholung

Sie besagt die phonetische bzw. semantische Abweichung der Wiederholungsglieder. Die Skala der Möglichkeiten reicht hier von der phonetischen Identität der Wortkörper (bei gleichzeitiger semantischer Differenzierung) bis zu ihrer gänzlichen lautlichen Abweichung (bei gleichzeitiger semantischer Gleichheit); m. a. W.: von der homonymen Wiederholung bis zur synonymen. Die Kategorisierung der einzelnen Affinitätsformen wird dadurch erschwert, daß fast jeder Theoretiker die zahlreichen Termini anders definiert. Wir gehen daher aus von drei Haupttypen der affinen Wiederholung.

a) Typ I: Phonetische Identität / Semantische Differenz

Die phonetische Identität ergibt sich aus der Gleichheit zweier Wortkörper, die entweder von demselben Wortstamm (beschränkt: 1. zahlenmäßig, 2. geistig) oder von verschiedenen Wortstämmen (to lie: 1. liegen, 2. lügen) abgeleitet sind.
Die semantische Diskrepanz resultiert aus der Polysemie des Wortkörpers. Sie wird durch den Kontext oder (in mündlicher Rede) durch abweichende Aussprache (pronuntiatio) des zweiten Wiederholungsgliedes (Emphase) deutlich gemacht. Als Oberbegriff für diesen Wiederholungstyp kann der Terminus Diaphora dienen. Die semantische Differenzierung, welche im zweiten Wiederholungsglied erfolgt, kann sowohl eine monologische als auch eine dialogische Gestalt haben.
Die monologische Diaphora nennt man Antistasis (ploke, distinctio), die dialogische Anaklasis (reflexio).

B 32 Auge um Auge, Zahn um Zahn.

(b) Virtue, awake, Beauty but beauty is.
(Sidney, " Astrophil and Stella ", 47)

Dies sind zwei Beispiele für Antistasis, die im zweiten Fall durch die Graphie noch unterstrichen wird.

(c) Armado. By the north pole, I do challenge thee.
Costard. I will not fight with a pole, like a northern man . . .
(Shakespeare, " Love's Labour's Lost", V. ii).

Homonymes Wortspiel (pole: 1. the extremity of the axis of the earth, 2. a long, slender piece of wood (Al. Schmidt)), das dialogisch realisiert ist: Anaklasis.

b) Typ II: Phonetische Affinität / Semantische Affinität

Dieser Affinitätstyp ist durch phonetische Abänderung des wiederholten Wortkörpers gekennzeichnet. Davon gibt es zwei Arten:

1. Polyptoton (traductio, metabole):
flexivische Änderungen am gleichen Wortstamm. Sie affizieren eher die Syntax als die Semantik der Wiederholung. Ein Sonderfall des Polyptoton ist die sog. " figura etymologica ", die Koppelung zweier stammverwandter Wörter, z. B. von Nomen und intransitivem Verb (" einen gerechten Kampf kämpfen ", " to live a good life ") oder von Adjektiv und Nomen (" die feinste Feinheit ").

B 33 Ihr schwarzen Augen ihr, und du auch, schwarzes Haar
Der frischen Flavien, ... (Opitz)

(b) In B 25 gibt es drei Polyptota: loving-love (1), read-reading (3), know-knowledge (4), die durch morphologische Addition (3, 4) bzw. Subtraktion (1) entstehen.

2. P a r o n o m a s i e (annominatio): qualitative Veränderung eines Wortbestandteiles, die zu einer semantischen Verschiebung führt. Die lautliche Nähe der (häufig pseudo-etymologisch aufgefaßten) Wiederholungsglieder steht z. T. in scharfem Kontrast zu ihrer großen inhaltlichen Diskrepanz.

B 34 Der Rheinstrom ist worden zu einem Peinstrom,
Die Klöster sind ausgenommene Nester,
Die Bistümer sind verwandelt in Wüsttümer,
Die Abteien und die Stifter
Sind nun Raubteien und Diebesklüfter,
Und alle die gesegneten deutschen Länder
Sind verkehrt worden in Elender -
(Schiller, "Wallensteins Lager ")

(b) Verse and Worse (Buchtitel von Arnold Silcock)

c) Typ III: Phonetische Differenz / Semantische Affinität

Dieser Typ stellt einen Grenzfall der Wiederholung dar, da er die Bewußtmachung des Gleichen absichtlich verhindert. Nicht Ähnlichkeit des Wiederholten, sondern Differenzierung bzw. Variation ist intendiert. Das Moment des Wiederholens, wenn man diesen Ausdruck hier überhaupt gebrauchen darf, wird eher verschleiert als offengelegt. Das Sich-Wiederholende muß in diesem Falle als eine gemeinsame semantische Merkmalmenge definiert werden, welche den Sinnzusammenhang gewährleistet. Eine solche Feststellung betrifft die Wiederholung durch S y n o n y m e und T r o p e n. Der Unterschied zwischen beiden ist, daß der Wiederholungscharakter der letzteren sich erst im Kontext manifestiert, während die semantische Affinität von Synonymen ohne denselben feststeht. Synonyme Wiederholungen können u. a. durch Archaismen, Neologismen, Dialektismen und Barbarismen realisiert werden, tropische Wiederholungen durch Metapher, Metonymie, Synekdoche. Durchdenkt man die Definition des III. Typs der Similaritätsklasse in allen ihren Konsequenzen, so stößt man auf das Problem der Kohärenz von Sätzen im Text: Etwas (inhaltlich) Gemeinsames wird offenbar von einem Satz in den nächsten hinübergetragen; sonst bestünde kein Textzusammenhang. Die moderne Textlinguistik hat dieses Phänomen mit Hilfe des syntagmatischen Substitutionsbegriffs zu lösen versucht: An die Stelle eines zu ersetzenden Ausdrucks (Substituendum) tritt ein ersetzender (Substituens), der die Sequentialität des Textes verbürgt (Harweg).

Zu den syntagmatischen Substituentia gehören u. a. die Pronomina (er, es, sein, diese, welchem): ebenfalls Wiederholungen, wenn auch in einem weiteren Sinne. Damit sei die Notwendigkeit einer eingehenden Erforschung dieses Phänomens in einem textologischen Rahmen nur angedeutet.

B 35 Alles war schön, gut, heiter und wonnig, seitdem er von seinem Leiden geheilt war. (Synonymische Wiederholungen).

(b) An die Sternen

Ihr Lichter, die ich nicht auf Erden satt kann schauen,
Ihr Fackeln, die ihr Nacht und schwarze Wolken trennt,
. . . . (Gryphius)

Die hervorgehobenen Wörter stehen im Verhältnis metaphorischer " Wiederholungen " zueinander.

(c) Striking post office workers staged a huge protest yesterday. More than 7. 000 formed a column nearly two miles long in a march to London' s Hyde Park.

(Daily Express, 26. 2. 1971)

Die hervorgehobenen Ausdrücke stehen in einem Substitutionsverhältnis zueinander. Das Substituens ist ein elliptisch gebrauchtes Zahlwort, dessen Beziehung zum Substituendum ("Striking post office workers") synekdochisch ist. Es stellt sich die Frage, ob sich die textologische Betrachtungsweise der Wiederholung auch auf andere Teile der beiden Sätze übertragen läßt.

2.4. Extensionsklasse

Die Ausdehnung (Extension) des Wiederholten bestimmt sich je nach Maßgabe der sprachlichen Ebene (level), auf der sich die Wiederholung abspielt. Es lassen sich fünf Extensionstypen unterscheiden, der phonetische, morphologische, syntaktische, textologische und ein Mischtyp. Die ersten vier Typen bezeichnen in ihrer Abfolge den wachsenden Umfang der Wiederholung. Der Mischtyp enthält je ein kürzeres und ein längeres Wiederholungsglied.

2.4.1. Der phonetische Extensionstyp

Dieser Typ bedeutet die Wiederholung eines einzelnen Lautes in unterschiedlicher Umgebung. Je nachdem es sich um einen Konsonanten oder Vokal handelt, unterscheidet man zwischen Alliteration und Assonanz, obgleich auch Vokale im Anlaut der Stammsilbenbetonung alliterieren können.

a) Alliteration

Es alliterieren nur Hebungen, und zwar alle Konsonanten mit ihresglei chen; die Verbindung sk, sp, st weder wechselseitig noch mit s, sondern nur jeweils mit sich selbst; schließlich alle Vokale untereinander (nach Wilpert). Wenn jedes Wort in einer größeren Texteinheit

(Kolon, Periode) alliteriert, so spricht man von P a r o m o i o s i s, ein Terminus, der auch für wiederholte Assonanz verwandt wird.

B 36 O Tite, tute, Tati, tibi tanta, tyranne, tulisti. (Ennius)
Extremes Paromoion.

(b) Pack den Tiger in den Tank! (Esso - Reklame)

(c) I caught this morning morning's minion, king-
dom of daylight's dauphin, dapple-dawn-drawn Falcon . . .
(G. M. Hopkins, "The Windhover")
Paromoia, dazu Polyptoton (morning morning's) und Assonanz (dauphin, dawn, drawn).

b) A s s o n a n z

Unter Assonanz versteht man den Gleichklang von Vokalen in differierender konsonantischer Umgebung. Diese lautliche Wiederholungsfigur ist u. a. in der Paronomasie, dem H o m o i o t e l e u t o n ("Reim" : Gleichklang der letzten Silben /Wörter eines Isokolon/ Verses), dem H o m o e o p t o t o n (Gleichklang von Flexionsformen) vertreten.

B 37 Du liebes Kind, komm, geh mit mir!
Gar schöne Spiele spiel ich mit dir . (Goethe, "Erlkönig")

Assonanz von kurzem und langem i, dazu Homoeoptoton (mir - dir), Alliteration (Kind-komm, mit-mir, Spiele-spiel) und Figura Etymologica (Spiele spiel).

(b) While I nodded, nearly napping, suddenly there came a tapping,
As of some one gently rapping, rapping at my chamber door.
(Poe, "The Raven ")

Assonanzen, die im 1. Vers als Homoioteleuta, im 2. Vers als Anadiplose verwirklicht sind; auffällig auch die Alliterationen in Vers 1 (nodded, nearly napping).

2.4.2. Der m o r p h o l o g i s c h e Extensionstyp

Dieser Extensionstyp umfaßt die meisten Wiederholungsformen, die von der Schulrhetorik behandelt worden sind - vor allem die Klassen 1 und 3. Die morphologische Extensionsnorm ist in der Regel das Wort. Wegen der Häufigkeit dieses Typs betrachtet man ihn als quantitative Richtgröße für Wiederholungen.

2.4.3. Der s y n t a k t i s c h e Extensionstyp

Als syntaktische Wiederholungseinheiten fungieren Komma, Kolon und Periode. Als ein Sonderfall kann der Refrain (versus intercalaris) gelten, der in den Rhetoriken den Namen E p i m o n e (perseverantia) trägt. Beispiele erübrigen sich. Hingewiesen sei auf die kunstvolle Verwendung des Refrains in folgenden Gedichtformen: Rondeau, Rondel, Triolett, Villanelle (vgl. Wilpert).

2.4.4. Der t e x t o l o g i s c h e Extensionstyp

Weniger häufig ist die Wiederholung satzübergreifender Texteinheiten (Strophen in der Lyrik; Absätze, Paragraphen, Kapitel in der Prosa; Szenen im Drama) oder ganzer Texte selbst (Da-capo-Texte).

B 38 In Samuel Becketts "Waiting for Godot" wird folgendes Lied angeführt:

A dog came in the kitchen
And stole a crust of bread.
The cook up with a ladle
And beat him till he was dead.

Then all the dogs came running
And dug the dog a tomb
And wrote upon the tombstone
For the eyes of dogs to come:

A dog came in the kitchen
....

Das Lied bildet eine Potenzierung der textologischen Wiederholung, deren Frequenz unendlich ist. Ein größerer Text, der ad infinitum wiederholt wird, ist Becketts Drama "Play". Der Kreislauf der Wiederholung verdeutlicht jedesmal den Kreislauf des Daseins.

2.4.5. Der g e m i s c h t e Extensionstyp

Diesem Typ gehören Wiederholungen an, deren erstes Glied eine andere Ausdehnung besitzt als das zweite. Es kontrastieren z. B. morphologische und syntaktische Extension des Wiederholten:

B 39 Ach schwacher Geist, der du mit so viel Leiden
Beladen bist, wirst du nicht bald abscheiden
Und diesen Leib samt allem Leid vermeiden? (J. Regnart)

Es handelt sich beidemale um Wiederholungen, deren Kennzeichen die semantische Affinität ist. Die Wiederholungsglieder sind inhaltlich äquivalent, doch ist ihre Ausdehnung verschieden: Eine morphemische Einheit wird durch eine syntaktische ersetzt; anders ausgedrückt: Eine kleinere Texteinheit wird zur inhaltlich gleichwertigen, aber größeren Texteinheit erweitert.

Dieser Extensionstyp weist hinüber in den Bereich der Figuren der Quantität: der Amplifikation und der Kürzung.

2.5. F u n k t i o n s k l a s s e

Der bisher am wenigsten behandelte Aspekt der Wiederholung ist ihre Funktion. Der Grund dafür dürfte folgender sein: Sie ist nicht allgemein, sondern nur in jedem einzelnen Fall bestimmbar, da sie eine Resultante des Mischungsverhältnisses der Kriterien Position, Frequenz, Similarität und Extension darstellt. Hinzu kommt die Unterscheidung von textimmanenter und textexterner Funktion und schließlich mit der Differenzierung von virtus / vitium der Wiederholung ein Moment der Wertung. Allgemein läßt sich sagen: Im Hinblick auf die Textstruktur hat die Wiederholung eine integrative, eine intensivierende und eine erweiternde Funktion. Unter dem Wirkungsaspekt betrachtet, dient sie der emotionalen Affizierung, der ästhetischen Befriedigung (Das Wiedererkennen von Gleichartigem bereitet Vergnügen.) oder auch der planvollen Einschläferung des Rezipienten. Welche Funktion dominiert, hängt von der jeweiligen Textur und Aufnahme der Wiederholung ab.

Übungen

Analysieren Sie die folgenden Texte:

Ü 19

A wreathed garland of deserved praise,
Of praise deserved, unto thee I give,
I give to thee, who knowest all my ways,
My crooked winding ways, wherein I live,
Wherein I die, not live: for life is straight,
Straight as a line, and ever tends to thee,
To thee ...

G. Herbert, "A Wreath".

Ü 20

Nimm Vim ! (Werbespruch)

Ü 21

While pensive poets painful vigils keep,
Sleepless themselves, to give their readers sleep.

Pope, " Dunciad ", I.

Ü 22

Hier saß ich, wartend, wartend - doch auf nichts.

Nietzsche, "Sils-Maria".

Ü 23

Yet heavy heart to make so hard a choice.

S. Daniel, "Delia", 25.

Ü 24

Deinem Blick mich zu bequemen,
Deinem Munde, deiner Brust,
Deine Stimme zu vernehmen,
War die letzt' und erste Lust.

Goethe, "West - östlicher Divan".

Ü 25

Fly, fly, my friends, I have my death wound; fly.

Sidney, "Astrophil and Stella", 20.

Ü 26

O World! thou wast the Forrest to this Hart,
And this indeed, O World, the Hart of thee.

Shakespeare, "Julius Caesar", III. i.
(vgl. Mahood 9)

Ü 27

And when I have stol'n upon these sons-in-law,
Then, kill, kill, kill, kill, kill, kill.

Shakespeare, "King Lear", IV. vi.

Ü 28 Gib her die Flaschen,
Es gilt Herr Gey, Herr Gro, Gro, groll,
So. Dise wäsch wird wol gewaschen,
Seid ihr all doll.
Ho, seind das Reutter oder Mucken?
Buff, buff, es ist ein Hafenkäs:
Zu zucken, schmucken, schlucken, drucken.

Weckherlin (vgl. dazu Kayser).

Ü 29 Als ich noch ein Kind war,
Redete ich wie ein Kind,
Dachte ich wie ein Kind,
Urteilte ich wie ein Kind.

1. Kor. 13.11.

Ü 30 To-morrow, and to-morrow, and to-morrow
Creeps in this petty pace from day to day
To the last syllable of recorded time.

Shakespeare, "Macbeth", V. v.

Ü 31 ZWEITER BÜRGER. Danton hat schöne Kleider, Danton hat ein schönes Haus, Danton hat eine schöne Frau, er badet sich in Burgunder, ißt das Wildbret von silbernen Tellern und schläft bei euren Weibern und Töchtern, wenn er betrunken ist.

Büchner, "Dantons Tod", III.

Ü 32 O who will show me those delights on high?
Echo. I.
Thou Echo, thou art mortal, all men know.
Echo. No.
Wert thou not born among the trees and leaves?
Echo. Leaves.
And are there any leaves, that still abide ?
Echo. Bide.
What leaves are they? impart the matter wholly.
Echo. Holy.
Are holy leaves the Echo then of bliss?
Echo. Yes.
Then tell me, what is that supreme delight?
Echo. Light.
Light to the mind: what shall the will enjoy?
Echo. Joy.
But are there cares and business with the pleasure?
Echo. Leisure.
Light, joy, and leisure; but shall they persever?
Echo. Ever.

G. Herbert, "Heaven".

3. Quantitätsfiguren

Jedes Thema erlaubt eine ausgedehnte und eine kurze Darstellung. Die rhetorischen Prinzipien, welche diese alternativen Textgrößen bewirken, sind die Figuren der Erweiterung (amplificatio) und Kürze (brevitas), die man nach ihrer Funktion auch Figuren der Quantität nennen kann. Die Amplifikation intendiert die eindringliche Detaillierung eines Themas, die Verkürzung hingegen die thematische Reduktion unter weitgehender Auslassung (Ellipse) von Details. Im ersten Fall ist das angestrebte Ziel die Evidenz, im zweiten Fall die Ökonomie der verbalen Kommunikation.

3.1. Figuren der Amplifikation

Texte bestehen aus Mengen von Details, denen bestimmte Themen zugrundeliegen. Die detaillierende Erweiterung dieser Themen erfolgt auf zwei Wegen:

3.1.1. durch zergliedernde Aufspaltung eines Themas in seine Teile: Prinzip der Distribution (Diärese);

3.1.2. durch Hinzufügung ständig neuer Details zum Thema, und zwar einmal aus dem Bereich des Themas, zum anderen aus einem dem Thema benachbarten (kontingenten) Bereich: Prinzip der Kumulation (Addition).

Während in einer diäretischen Textstruktur die einzelnen Elemente straff dem zentralen Thema zugeordnet sind, prävaliert in der additiven Textur eine gelockerte Koordination.

Die Funktion der Amplifikation kann man allgemein als textbildend (Vertextung) bezeichnen. Die Schulrhetorik rechnete sie zu den Gedankenfiguren, da ihr die Umsetzung von Gedanken (Ideen, Themen) in Sprache aufgegeben ist. Der Terminus "amplificatio" selbst ist hier im mittelalterlichen Sinne (Arbusow, Faral) der horizontalen Verbreiterung, nicht aber im antiken der vertikalen Erhöhung gebraucht (Lausberg).

3.1.1 Die zergliedernde Amplifikation

Die zergliedernde Amplifikation kennt grundsätzlich eine dreifache Relation des als abstrakt gewärtigten Themas (propositio) zu seiner konkreten Durchführung (argumentatio):

a) die Relation Thema - Durchführung

Dieser Typ ist überaus häufig; er kommt im allgemeinen überall dort vor, wo im Titel eines Buches (Thomas Mann: "Der Zauberberg") oder eines

Zeitungsartikels ("Protest: Post Workers Fight on"), in der Anfangszeile eines Epos (Milton: "Of man's first disobedience, and the cause thereof") oder im Motto eines Emblems ("Per aspera ad astra") ein Thema angeschlagen wird, welches die nachfolgende Ausführung entfaltet.

b) die Relation Durchführung - Thema

Dieser Typ ist zunächst in der Rekapitulation der Argumentationspunkte am Schluß der klassischen Rede verwirklicht, dann aber auch im "Aufschluß" (Lessing) von Fabel, Parabel, Rätsel. Darüber hinaus ist die Folge "Durchführung" - "Thema" charakteristisch für eine seit der Spätantike existierende Gedichtform: Eine Anzahl von Begriffen (Ausdrücken), die in symmetrischer Abfolge amplifiziert worden ist, wird am Schluß des Gedichtes, häufig in einer Verszeile, zusammengefaßt: "Summationsschema" (Curtius).

c) Durchführung ohne Thema (Thema ohne Durchführung)

Hier fehlt der Durchführung die direkte Nennung des zugrundeliegenden Themas. Der Text erfordert die abstraktive Synthesis des Interpreten, der aus der Summe der Details das Thema heraushebt. Texte dieser Art können sowohl anschaulicher als auch kryptischer sein als andere. Das Gegenteil einer Durchführung ohne Thema ist das Thema ohne Durchführung; dies ist das Verfahren der Brevitas-Figuren.

Die behandelten Typen sind grundsätzlich Konstitutionsweisen jedes Textes. Besonders deutlich werden diese jedoch bei der zergliedernden Amplifikation sichtbar. Ihre Kategorien sind im folgenden aufgeführt.

1. D i s t r i b u t i o (diaeresis, merismos, digestio, partitio): Teilung eines Ganzen (Allgemeinen, Genus) in seine Teile (Einzelheiten, Species).

B 40 It is the duty of a king to have an especial care over his whole realm.

It is the office of his nobles, to cause the king's will to be fulfilled, and with diligence to further his laws, and to see justice done everywhere.

It is the part of a subject, faithfully to do his prince's commandment, and with a willing heart to serve him at all needs. (Wilson)

Das Thema ist hier nicht formuliert, sondern muß aus der Summe der Details induktiv erschlossen werden. Es lautet etwa: "It is the obligation of each member in the feudal hierarchy to fulfil his special function." Dieser Satz bildet den "semantischen Generalnenner" für das angeführte Textbeispiel, dessen Perioden eine Verbindung von Wiederholung (Anapher) und Variation aufweisen.

2. Enumeratio: Teilung einer Substanz in ihre Akzidenzien, eines Stoffes in seine Antezedenzien, einer Wirkung in ihre Ursachen (Peacham, Lanham). Die Figur unterscheidet sich nur unwesentlich von der Distributio und wird häufig mit ihr verwechselt.

B 41 Antonius war die Ursache des Bürgerkrieges, dreier vernichteter Armeen, des Todes vieler edler Bürger, des Umsturzes der senatorischen Autorität und schließlich aller erdenklichen Übel.

Hier wird eine Wirkung (Bürgerkrieg) in ihre akzidentellen Bestandteile entfaltet und durch diese "Beweise" (argumentatio) glaubhaft gemacht. Die Enumeratio mündet in eine Schlußformel, welche die Details in übersteigernder Allgemeinheit zusammenfaßt (recapitulatio). Die Aufbaustruktur der Periode hat demnach die Gestalt Thema I - Durchführung - Thema II.

3. Definitio (horismos): Definition eines oder mehrerer, oft benachbarter oder gegensätzlicher Begriffe mit dem Ziel klarer Differenzierung. Der Vorgang des Definierens führt zu einer zergliedernden Erweiterung des Textes. Seine Hauptfunktion ist im rhetorischen Bereich die Persuasion; die Logik stellt nur die Mittel dazu bereit.

B 42 This is not fortitude but temerity, for fortitude is a contempt of perils by honest reason: temerity is a foolish enterprise of perils without respect to virtue. (Peacham)

Der Text wird erweitert 1) durch die antithetische Gegenüberstellung zweier inhaltlich verwandter Begriffe; 2) durch deren jeweilige Definition in beinahe parallel gebauten Satzgliedern (Parison), wobei das Definiens das Definiendum um ein Mehrfaches an Umfang übertrifft.

4. Distinctio (paradiastole): Differenzierung der verschiedenen Bedeutungen eines Wortes, damit jede Ambiguität vermieden wird; häufig in der Form von Definitio oder Correctio. Diese Art Amplifikation besitzt meist eine logisch-argumentative Funktion mit dem Ziel der Klarheit (perspicuitas), kann aber auch zum Bewegen der Affekte dienen.

B 43 Auf den Vorwurf des Gegners "You have brought very light reasons." reagiert der Sprecher so: "If by light you mean clear, I am glad you do see my reasons; if by light you mean of no weight I am sorry you do not feel them. (Hoskins)

Wegen der Polysemie von "light" ist die Gefahr der Ambiguität besonders groß. Der homonyme Wortkörper "light" wird daher in seine semantischen Auslegungsmöglichkeiten expliziert, was eine Erweiterung des Textes zur Folge hat. Daß diese im parteigünstigen Sinne erfolgt, beweisen die affektischen Ausdrücke "I am sorry/ glad ".

5. D i l e m m a (dialysis, divisio): Verdeutlichung von Alternativen eines Problemkomplexes durch Angabe von Gründen des Für und Wider. Die mittelbare Folge davon ist eine Erweiterung des Textes.

B 44 It were better to have no opinion of God at all than such an opinion as is unworthy of him: for the one is unbelief, the other is contumely: and certainly superstition is the reproach of the Deity.
(Bacon, Essay XVII: "Of Superstition")

Eine zweigliedrige These wird durch ein zweigliedriges Argument und eine schlußfolgernde Conclusio erweitert.

6. C o r r e c t i o (epanorthosis): Selbstkorrektur des Sprechers (Schreibers) im Hinblick auf eine vorangegangene Texteinheit. Die Richtigstellung ist Ursache für eine zweigliedrige Erweiterung des ursprünglichen Textes, wobei das zweite Glied in der Regel antithetisch, steigernd oder affektisch ist. Bei dieser Figur ist das Eingeständnis eines Irrtums (d. h. des "inaptum" der Bezeichnung) nur scheinbar; sie besitzt daher den Charakter des Schauspielerischen (Ironie).

B 45 We have brought before you, my Lords, into this place of judgement, not a thief, but an extortioner and violent robber, not an adulterer, but a ravisher of maids: not a stealer of church goods, but an errant traitor, both to God and all godliness.
(Cicero gegen Verres - nach Wilson)

In diesem Beispiel werden die Begriffe "thief", "adulterer" und "stealer" als Fälle eines onomasiologischen "inaptum" widerrufen und jeweils durch steigernde Ausdrücke aus dem gleichen Wortfeld ersetzt. Die Funktion der "Korrekturtechnik" in dieser Kette von wachsenden Gliedern ist zweifach: aus textinterner Sicht die Verbreiterung eines Grundthemas, begleitet von seiner gleichzeitigen Intensivierung; aus textexterner Sicht die stufenweise erfolgende Aufpeitschung der Hörer-Leser-Emotionen.

7. A n t i t h e s e (antitheton, contentio, contrarium, contrapositum): sprachliche Aufgliederung eines (in der Regel verschwiegenen) Oberbegriffs (Themas) in seine gegensätzlichen Komponenten. Die Struktur der Antithese ist daher eine Dichotomie, die noch folgende Differenzierungen erlaubt: 1) die Größe des antithetischen Segments (z. B. Wort, Satz, Text); 2) seine lexikalische Füllung: Der Normalfall ist der der A n t o n y m i e (z. B. "schwarz" - "weiß"; Gegensatz: Synonymie), welche die semantische Opposition von Morphemen bezeichnet ; 3) die syntaktische Anordnung der Antitheta, die häufig die Gestalt charakteristischer Positionsfiguren (z. B. Isokolon, Chiasmus) besitzen. Die Antithese erzeugt eine starke Spannung. Als beherrschender Stilzug erscheint sie in der Dichtung des europäischen Manierismus (Q: Gongora, Lyly, Marini; SL: Wilpert, s. vv.).

B 46 Ich seh', wohin ich seh', nur Eitelkeit auf Erden.
Was dieser heute baut, reißt jener morgen ein.
Wo itzt die Städte stehn so herrlich, hoch und fein,

Da wird in kurzem gehn ein Hirt mit seinen Herden.

Was itzt so prächtig blüht, wird bald zutreten werden.
Was itzt so pocht und trotzt, läßt übrig Asch und Bein.
. . . .
(Gryphius, "Vanitas vanitatum, et omnia vanitas")

Das im ersten Vers formulierte Thema (propositio) heißt: Eitelkeit. Die Durchführung dieses Themas erfolgt in antithetischen Gegensatzpaaren, die beweisende Funktion besitzen (argumentatio). Sie spiegeln den Kontrast von jetzigem Glanz und zukünftigem Verfall, welcher das zeitliche Dasein durchzieht. Die Gleichförmigkeit dieses Phänomens in allen Lebensbereichen wird durch die analoge Aufbaustruktur (Parison, Anapher) der Kola (2, 4, 5) nachdrücklich unterstrichen. Vor einem Abgleiten ins Theoretische und Schematische bewahren das Sonett drei Dinge: a) die Evidenz-Formel "ich seh'", welche das abstrakte Thema zur persönlichen Erfahrung des Sprechers deklariert; b) die große Fülle sinnlich-konkreter Details, die das Thema amplifizieren; c) die Variation von Form (vgl. VV. 2 - 3/4) und Inhalt.

(b) Beispiele aus der Werberhetorik:
Some like it hot - some like it cold.
It's so little time and trouble to have an egg (or two) for breakfast - with so much reward.

The most modern methods are used - but the old courtesies are still observed.

Die Antithetik hat hier die Funktion, die Vorteile der Ware steigernd ins rechte Licht zu rücken.

8. A n t i m e t a b o l e (commutatio): chiastische Anordnung zweier antithetischer semantischer Einheiten (Lexeme). Die Antimetabole partizipiert also an den Figuren der Position, der Wiederholung und der Amplifikation. Ihre Funktion ist häufig das geistvolle Spiel mit den Worten und ihren Bedeutungen.

B 47 Poema loquens pictura, pictura tacitum poema debet esse.
(Rhet. ad Her. 4.28.39).

(b) If poesy be, as some have said,
A speaking picture to the eye:
Then is a picture not denied
To be a mute poesy. (Puttenham)

9. O x y m o r o n (synoikeiosis): enge syntaktische Einheit von einander ausschließenden Begriffen. Das Oxymoron ist folglich die extreme Form der Antithese. Es wird auf verschiedene Art realisiert, z. B. durch "addierende Zusammensetzung" (Addison: eternity, thou pleasing, dreadful thought;

Das schaurig schöne Spektakel schlug alle in seinen Bann.) oder "contradictio in adiecto" (Celan: Schwarze Milch der Frühe ("Todesfuge")). Erwähnenswert sind die synästhetische Metapher (speaking picture - mute poesy) und die fehlerhafte Katachrese (Noam Chomsky: Colourless green ideas sleep furiously.). Manchmal verbirgt sich hinter dem Oxymoron ein verdeckter Sinn, dem das Unerwartete dieser Sprachkombination als Reizimpuls für verstärkte intellektuelle Aktivität dient. Im Christentum hat diese Figur die Funktion, die Paradoxie der Glaubenswahrheiten prägnant zu artikulieren (z. B. "felix culpa").

B 48 Fair is foul, and foul is fair..." (Shakespeare, "Macbeth", I. i.).
2 Oxymora in Gestalt einer Antimetabole.

(b) Du übersinnlich-sinnlicher Freier
(Goethe, "Faust").

3.1.2. Die häufende Amplifikation

Die häufende Amplifikation (Kumulation) besteht wie die zergliedernde in der detaillierenden Durchführung eines Themas; allerdings mit dem Unterschied, daß hier das dichotomische Prinzip zugunsten einer relativ lockeren Reihung von Einzelheiten aufgegeben ist. Diese erfolgt entweder innerhalb des Themenbereiches selbst oder durch Hinzufügung anderer thematischer Bezirke, welche die Funktion der argumentativen Evidenz besitzen.

a) Die innerthematische Häufung

Den Figuren dieser kumulativen Amplifikation ist gemeinsam, daß ein Thema durch eine mehr oder minder geregelte Häufung von Details umspielt bzw. eingekreist wird.

1. Accumulatio (congeries, coacervatio, symphoresis, synathroismos). Diese Figur (mit ihren Äquivalenten) kann zweierlei bedeuten:

1.1. die Häufung phonetisch wie semantisch differenzierter Wörter, wobei der Begriff "Häufung" nicht weiter expliziert wird;

1.2. die Häufung phonetisch differenzierter, jedoch semantisch gleichwertiger Ausdrücke (= Synonyme). Das heißt: Ein Thema wird so behandelt, daß seine Durchführung gleichsam "auf der Stelle tritt". Eine nahe Verwandtschaft besteht zur Commoratio.

B 49 Batter my heart, three person'd God; for you
As yet but knock, breathe, shine, and seek to mend;
That I may rise and stand, o'erthrow me, and bend
Your force, to break, blow, burn and make me new.
(John Donne, "Holy Sonnets", XIV)

2. C o m m o r a t i o (epexergasia, expolitio): Beharren auf ein und demselben Thema zum Zweck der Verdeutlichung/Verdunkelung oder Einschärfung/Einschläferung. Die Art und Weise, wie dies geschieht, ist vielfältig (z. B. durch Synonymie, Periphrase).

B 50 Ach und Weh!
Mord! Zeter! Jammer! Angst! Kreuz! Marter! Würme! Plagen!
Pech! Folter! Henker! Flamm! Stank! Geister! Kälte! Zagen!
Ach vergeh! (Gryphius, "Die Hölle")

3. D e s c r i p t i o (ekphrasis): amplifizierende Beschreibung eines Gegenstandes durch Aufzählung sinnenfälliger Details. Der intendierte Effekt der rhetorischen Beschreibung ist die Evidenz: eine derartige Veranschaulichung ihres Gegenstandes, daß dieser dem Zuhörer-Leser gleichsam "vor Augen steht". In der Antike im Rahmen der epideiktischen Redegattung für die Literatur entdeckt (Friedländer) und im Mittelalter scholastisch systematisiert (Faral), haben die ekphrastischen Figuren seit der Renaissance den Kampf mit den bildenden Künsten aufgenommen (Hagstrum); durch sie sollte Dichtung so energetisch wie Malerei sein (ut pictura poesis). Aus diesem Bestreben erklärt sich die topische "cernas" - Formel; sie enthält eine Einladung an das Publikum zur erlebenden ("empathischen") Mitschau der beschriebenen Gegenstände. Diese werden traditionell unterteilt in Sache (Handlung), Person, Ort, Zeit. Diese Kategorien wie auch die jeweilige Beschaffenheit der ekphrastischen Details (circumstantiae, circumstances) entspringen keiner subjektiven Willkür, sondern sind an den "Örtern" (z. B. quis, quid, ubi, quando) der INVENTIO orientiert. Art und Umfang ihrer Handhabung unterliegen einer freieren Verfügbarkeit, so daß die hier geschaffenen Kategorien auch auf Texte der Gegenwart anwendbar sind.

3.1. D e s c r i p t i o r e i (pragmatographia): Sie bedeutet die Beschreibung von Gegenständen und Vorgängen. Erstere umfaßt jedwedes Ding vom trivialen Objekt bis zum Kunstwerk, dessen Ekphrasis auf eine lange Tradition zurückblickt (Hagstrum) - sowohl als epische Digression (z. B. Schildbeschreibungen in der Tradition Homers) als auch in Gestalt einer selbständigen Literaturform (z. B. Philostrats "Eikones"). Die Vorgangsbeschreibung, die eine Domäne der dramatischen und epischen Gattung ist, nähert sich der Erzählung (narratio). Im Drama, wo sie die Form des Botenberichts oder der Teichoskopie annimmt, fällt ihr die Aufgabe zu, die Unmittelbarkeit der dramatischen Aktion durch farbige Lebendigkeit der Schilderung zu ersetzen. Im epischen Bereich sind Beschreibungen von Schlachten, Naturkatastrophen, Festgelagen, Seuchen, Triumphzügen häufig. Jedesmal wird das zentrale Thema des Vorgangs durch Hinzufügung immer neuer Details konkretisiert.

B 51 Pragmatographia is a description of things whereby the orator by gathering together all circumstances belonging to them doth as plainly portray their image, as if they were most lively painted out in colours and set forth to be seen: If one should say "The city was overcome by an assault.", he hath (saith Fabius (i. e. Quintilianus viii. 3.67)) comprehended all in a sum, but if thou wilt open and set abroad all things, and every particular effect included within that sum, there shall appear many fires and scattered flames upon houses and temples, the noise of houses falling down, a confused sound of many things, and woeful cries, some flying with great peril, others embracing their friends and bidding them farewell forever, infants shrieking, women most bitterly weeping, old men reserved by most unhappy destiny to see that day, the spoiling of temporal and prophaning of hallowed things ... now albeit this word Destruction might well comprise all these things, yet is it less to declare the whole than to name the parts ... (Peacham 139-140)

Das Thema "The city was overcome by an assault." (oder abstrakter: "Destruction") wird in eine anschauliche Beschreibung umgesetzt, indem zunächst die Begriffe "Stadt" und "Niederlage" differenziert werden, ersterer in die Gebäude und ihre Bewohner, letzterer in akustische und optische Eindrücke aus der brennenden Stadt. Der Blick wandert von den unbelebten Gegenständen zu den Menschen, unter den Menschen wiederum von den Besiegten zu den Siegern, die sich (ein weiteres Incrementum) im Kampf um die Beute erneut in Sieger und Besiegte teilen. Besonders auffällig unter den Mitteln der Konkretisierung sind die vielen dynamischen Verben im Partizip Präsens: "falling down", "flying", "embracing" .... Anschauliche Details formen sich zu einem Ganzen, das mehr ist als das bloße Thema (the sum).

(b) I hear and see not strips of cloth alone,
I hear the tramp of armies, I hear the challenging sentry,
I hear the jubilant shouts of millions of men, I hear Liberty!
I hear the drums beat and the trumpets blowing ...
(Whitman, "Song of the Banner at Daybreak")

Der Sprecher (Poet) spielt die Rolle eines fiktiven Zuhörers ("audio" - Formel), die in der Insistenz des anaphorischen "I hear" hervorgehoben wird. Die Gesamtwahrnehmung wird in Teilwahrnehmungen zerlegt, die jeweils einen Einzelaspekt des Handlungsgeschehens herausheben.

3.2 Descriptio personae (prosopographia): Die Personenbeschreibung enthält u. a. folgende Topoi der INVENTIO: Abstammung, Geschlecht, Vaterland, Aussehen, Charakter, Erziehung, Stand, Vermögen des Geschilderten. Die verfestigte Tradierung des prosopographischen "aptum" führte in einigen Gattungen zu stereotypen Charakterisierungsformen: im petrarkistischen "blazon" zu einer katalogartigen Aufzählung der fraulichen Vorzüge, in der Komödie zu einem von der griechischen Nea über die italienische Commedia dell' arte bis zum Wiener Volkstheater reichenden Repertoire typischer Figuren

(z. B. des schlauen Dieners, des harten, geizigen Vaters, des tölpischen Bauern, des stolzen Spaniers). Auch die Beschreibung von Personifikationen (z. B. Justitia mit verbundenen Augen und Waage) gehört hierhin. Werden der beschriebenen Person Worte in den Mund gelegt, so wandelt sich die Prosopographie zur Sermocinatio.

B 52 0 Sternenäugelein!
0 Seidenhärelein!
0 Rosenwängelein!
Korallenlippelein!
0 Perlenzähnelein!
0 Honigzüngelein!
0 Perlmutteröhrelein!
0 elfenbeinen Hälselein!
0 Pomeranzenbrüstelein!
Bisher an euch ist alles fein -
Aber o du steinern Herzelein!
Wie daß du tötst das Leben mein!

(J. H. Schein)

Schönheitskatalog, dessen Details (metaphorisierte Körperteile) in einer bestimmten Reihenfolge (von oben nach unten) als Apostrophen angeordnet sind. Ein Beispiel für die Folge ekphrastischer Details bei der Charakterisierung einer Romanfigur stellt B 19 dar.

3.3. <u>Descriptio loci</u> (topographia, topothesia): Ortsbeschreibung, die in die Beschreibung realer (topographia) und die Beschreibung fiktiver Orte (topothesia) unterteilt wird. Diese Stilkategorie stellt daher die sprachlichen Ausdrucksmittel für die mnemotechnischen "loci" (Gedächtnisörter) zur Verfügung. Darüber hinaus bildet sie die Grundlage für die anschauliche Darstellung von Städten, Häfen, Gärten, Baulichkeiten und Landschaften (z. B. "locus amoenus"). In epischen Werken ist die Topographie als retardierende Einlage (Digression) beliebt. Sie kann sich aber auch zu einem geographischen Lehrgedicht (z. B. Draytons "Polyolbion" (1613-22)) ausweiten.

B 53 Es liegt diesseits dem Sudetischen Gefilde, welches Böhaim von Schlesien trennet, unter dem anmutigen Riesenberge ein Tal, dessen weitschweifiger Umkreis einem halben Zirkel gleichet und mit vielen hohen Warten, schönen Bächen, Dörfern, Meierhöfen und Schäfereien erfüllet ist. Du könntest es einen Wohnplatz aller Freuden, eine fröhliche Einsamkeit, ein Lusthaus der Nymphen und Feldgötter, ein Meisterstücke der Natur nennen. Daselbst befand ich mich ...

(Opitz, "Schaefferey von der Nimfen Hercinie")

Topographische Einleitungen wie diese befinden sich am Beginn von Geschichtsdarstellungen (Caesars "De bello Gallico"), Epen (Klopstocks "Der Messias") und Romanen (Dickens' "Bleak House"). Vorliegende schließt an die pastorale Tradition an (vgl. Longos' "Daphnis und Chloe"). Sie schildert, wie die epideiktische Tropisierung ("Wohnplatz aller Freuden ...") nahelegt, eine idealisierte Reallandschaft ("locus amoenus").

(b) Beispiele von Topothesia sind die Beschreibungen des Palastes des Sonnengottes (Ovid, "Metamorphosen", II), des Hauses des "Interpreter'

(Bunyon, "The Pilgrim's Progress"), der Inseln Utopia (More) und Felsenburg (Schnabel), der Hölle und des Himmels in religiösen Epen. Hier geht es jedesmal um Veranschaulichung (evidentia) abstrakter Konzepte.

3.4. Descriptio temporis (chronographia): Beschreibung von Tages- und Jahreszeiten, aber auch von historisch zurückliegenden Anlässen, besonders beliebt im Exordium von Texten (z. B. "Frühlingseingang" in mittelalterlichen Dichtungen), aber auch als eigenständige Literaturform bekannt (vgl. Thomsons "The Seasons", Haydns "Die Jahreszeiten").

B 54 Der Sommer kein Kummer- noch Trauernis leidet;
der Schläfer, der Schäfer, der pfeifet und weidet;
der Bauer, der Lauer, der erndt und schneidet;
es grünet das Feld,
es lachet die Welt,
der Gärtner löst Geld.
(Klaj, "Vorzug des Sommers", 1. Str.)

Eine kunstvolle Liedstrophe, wie der Gebrauch von Isokolie, Anapher, Paronomasie, Alliteration, Assonanz und Homoioteleuton zeigt.

(b) It was in the time that the earth begins to put on her new apparel against the approach of her lover, and that the sun running a most even course becomes an indifferent arbiter between the night and the day, when the hopeless shepherd Strephon was come to the sands, which lie against the island of Cythera; ....
(Sidney, "Arcadia" (1590))

Ein "Frühlingseingang", der in die Form einer Periphrase gekleidet ist: Das Phänomen "Frühling" wird in zwei metaphorisierte Teilphänomene zerlegt, die seine Wirkung (Erde) und Ursache (Sonne) umschreiben. Auf diese Weise umgeht Sidney eine wissenschaftlich exakte Festlegung des Handlungszeitpunkts: "About the twenty-third of March the hopeless shepherd Strephon ...".

4. Incrementum = "Klimax", Steigerungskette: Amplifikation des Redegegenstandes durch eine Kette von graduell gesteigerten Bezeichnungen. Durch den gleichen thematischen Zusammenhang dieser Bezeichnungen grenzt diese Figur an die Synonymie, durch die Diskrepanz von Wort und Sache im letzten Steigerungsglied an die Hyperbel. Es herrscht hier das "Gesetz der wachsenden Glieder", wenn man "wachsend" semantisch versteht. Die Klimax hat die Funktion, einen Spannungsbogen zu schaffen und dadurch das Publikum mitzureißen.

B 55 Veni, vidi, vici. (Ich kam, ich sah, ich siegte.)

(b) His realm, renown, liege, liberty and life. (Puttenham)

5. P e r i p h r a s e: Diese Stilkategorie wird sowohl zu den Figuren der Amplifikation als auch zu den Tropen gerechnet. Ihre Behandlung erfolgt unter den Tropen (5. 1.).

b) Die a u ß e r t h e m a t i s c h e Häufung

Diese Subklasse der kumulativen Erweiterung umfaßt solche Figuren, die ein Thema I durch ein Thema II erhellen, konkretisieren und ausschmücken. Dabei können Beschaffenheit und Verknüpfung der Bereiche variieren.

1. P a r e n t h e s e (parenthesis, interpositio): Eine geschlossene Satzkonstruktion wird durch eine selbständige syntaktische Einheit unterbrochen, deren Thema sich komplementär, indifferent oder konträr zum Hauptthema verhält. Die Parenthese erzeugt einen Stau im Gedankenfluß, der erst am Ende des unterbrochenen Satzes gelöst wird. Sie dient nicht nur der Expansion des Textes, sondern gerade auch der Selbstvorstellung des Sprechers, der beweisend, widerlegend, erläuternd in die Darstellung eingreift. Manchmal geschieht dies in Verbindung mit einer affektischen Wendung an das Publikum (Apostrophe), die den Eindruck des Spontanen vermittelt (celare artem).

B 56 Eduard - so nennen wir einen reichen Baron im besten Mannesalter - Eduard hatte in seiner Baumschule die schönste Stunde eines Aprilnachmittags zugebracht, um frisch erhaltene Pfropfreiser auf junge Stämme zu bringen. (Goethe, "Die Wahlverwandtschaften")

Die Parenthese am Romananfang (von Schwyzer u. a. zitiert) hat hier die Funktion, den Akt der fiktionalen Setzung durch den auktorialen Erzähler zu veranschaulichen.

(b) Call me Ishmael. Some years ago - never mind how long precisely - having little or no money in my purse, and nothing particular to interest me on shore, I thought I would sail about a little and see the watery part of the world. (Melville, "Moby Dick")

Ebenfalls ein Akt der fiktionalen Setzung, diesmal in einem Ich-Roman. In der Parenthese wendet sich der Ich-Erzähler an das Lesepublikum (Apostrophe), und zwar als sein eigener Kommentator: Das erzählende Ich vermittelt zwischen erlebendem Ich und Publikum. Die Parenthese ist durch Gedankenstriche (sonst auch durch Klammern oder Kommata) vom übrigen Text abgehoben.

2. D i g r e s s i o n (digressio, parecbasis) = "Exkurs": Durchbrechung eines thematisch geschlossenen Textes durch eine selbständige Texteinheit, deren Thema komplementär, indifferent oder konträr zum Hauptthema sein kann. Die Digression ist somit für den Text dasselbe, was die Parenthese für den Satz, das Hyperbaton für das Wort ist. Als Digression können Exempel, Fabel, Gleichnis, Beschreibung, gelehrter Exkurs dienen. Häufig

ist sie im Epos und im Roman (Poser), aber auch in der rhetorischen Historiographie und im wissenschaftlichen Schrifttum. Digressive Darbietungsformen sind Appendix, Extrablatt, Fußnote.

B 57 Digressionen finden sich in Apuleius' "Metamorphoses" (z. B. das Märchen von Amor und Psyche), Marivaux' "La vie de Marianne", Swifts "A Tale of a Tub", Fieldings "Tom Jones", Sternes "Tristram Shandy", Wielands Romanen und Jean Pauls "Siebenkäs" (Poser). Aufschlußreich sind die theoretischen Äußerungen der Romanciers für eine Poetologie der Digression.

3. S i m i l i t u d o (comparatio, omoeosis, parabole): Sie existiert auf zwei Ebenen: a) der syntaktischen: V e r g l e i c h ; b) der textologischen: G l e i c h n i s , so daß das Gleichnis als Großform des Vergleichs anzusprechen ist. Jede Form der Similitudo besteht aus zwei thematischen Ebenen, deren gemeinsamer Nenner (auch "tertium comparationis" genannt) durch die syntaktische Fügung "wie ... so" beschworen wird. Manchmal korrespondieren primäre und sekundäre (d. h. Vergleichs-, Gleichnis-) Ebene in jedem Punkt; ein andermal ist die Entsprechung minimal. Entfällt im Vergleich das "wie ... so", so entsteht eine Metapher ("Er ist wie ein Löwe in der Schlacht." → "Er ist ein Löwe in der Schlacht."). Tritt der gleiche Fall beim Gleichnis ein, so entsteht eine Allegorie oder eine Beschreibung. Das Gleichnis kann die Gestalt einer Fabel oder eines Exempels annehmen; der Vergleich kommt in vielen Varianten vor. Beider Funktion besteht im Amplifizieren, Verdeutlichen und Ausschmücken des Grundgedankens.

B 58 O my Luve' s like a red, red rose
That' s newly sprung in June:
O my Luve' s like the melodie
That' s sweetly play' d in tune! (Burns)

Die beiden Vergleiche werden durch das Adverb "like" signalisiert.

(b) Brutus put his sons to death because they conspired treason:
Manlius punished his son for his virtue. (nach Peacham)

Hier liegt ein überbietender Vergleich vor, da der zweite Vergleichssatz ein Paradoxon enthält (vgl. Incrementum). Eine Vergleichspartikel fehlt.

(c) Wie wenn der Donnerer blitzt, der Gemahl der lockigen Here,
Vielen Regen bereitend, unendlichen, oder auch Hagel
Oder ein Schneegestöber, das weiß die Gefilde bedecket,
Oder des Krieges weit offenen Schlund, des bitteren Unheils:
So vielfältig erseufzt' im Innersten nun Agamemnon
Tief aus dem Herzen empor, und Angst durchbebte die Brust ihm.
(Homer, Ilias X, übers. von J. H. Voss)

Eines von Homers vielen Gleichnissen: Beide Ebenen sind nur in einem Punkt verklammert, dem Thema "Unruhe"; im übrigen hat sich das Bild verselbständigt.

4. I m a g o (icon, eikon) = Bildnis, Portrait: Sonderform der Similitudo, die meist zur Porträtierung einer menschlichen Gestalt in epideiktischer Absicht dient.

B 59 So we commending Her Majesty (i. e. Elizabeth I) for wisdom, beauty, and magnanimity likened her to the serpent, the lion, and the angel, because by common usurpation nothing is wiser than the serpent, more courageous than the lion, and more beautiful than the angel.
(Puttenham)

5. F a b u l a (apologos) = Fabel: Sonderform der Similitudo; Veranschaulichung eines allgemeinen, meist moralischen Themas durch ein Gleichnis aus der Tierwelt, die vermenschlicht (anthropomorph) geschildert wird. Ohne den sentenzhaften Aufschluß ist die Fabel eine anthropomorphe Allegorie, woran die Reden der Tiere (Sermocinatio) keinen geringen Anteil haben (vgl. auch Wilpert, s. v.).

6. E x e m p e l (exemplum, paradeigma) = Beispiel: ein historisches oder mythologisches Faktum, welches das Thema in beweisender, energetischer oder schmückender Absicht amplifiziert. Unterliegt das Exempel einer festen Auslegung, so gewinnt es topischen Charakter, wie die zahllosen Beispielsammlungen seit der Antike bezeugen. Infolge seiner thematischen Repräsentanz gehört das Exempel zu den Grundkonstanten der abendländischen Literatur.

B 60 We read of Danaë the fair damsel, whom Jupiter tempted full oft and could never have his pleasure, till at length he made it rain gold, and so as she sat in her chimney, a great deal fell upon her lap, the which she took gladly and kept it there, within which gold Jupiter himself was comprehended, whereby none other is signified but that women have been and will be overcome with money.
(Wilson)

Dies ist die allegorische Exegese eines mythologischen Exemplums, wie sie im 16. Jh. geläufig ist. Man kann auch umgekehrt sagen: Ein allgemeiner Satz (Thema) wird durch einen exemplarischen Einzelfall konkretisiert, erweitert und bewiesen. Allerdings steht die Wirklichkeit des Konkreten mehreren Deutungen offen, wie andere Erklärungen des Danaë-Mythologems zeigen. M. a. W.: Während das Thema (die These) eindimensional ist, stellt das Exemplum einen vielschichtigen Komplex dar, der als Argument in einem amplifikatorischen Kontext manipulierbar ist.

(b) Goethes Prometheus, Mahomet, Iphigenie, Faust sind Exempla für bestimmte geistige Konzepte.

3.2. F i g u r e n d e r K ü r z u n g

Die Kürze (brevitas) ist ein altes Stilideal (Rüdiger). Es ist dem Bestreben nach Texterweiterung diametral entgegengesetzt. Wer kürzen will, macht Abstriche im Detailbereich, verzichtet schließlich überhaupt auf die Konkreta. Damit nimmt er die Gefahr der Obskurität in Kauf, um dem sprachlichen Ausdruck die Wirkung des Suggestiven zu erschließen.

1. Ellipse (eclipsis, defectio): Auslassung eines oder mehrerer Satzglieder, die aus dem inner- oder außersprachlichen Kontext ergänzbar sind. Als unfunktionale Stilkategorie ist die Ellipse das Charakteristikum der gesprochenen Rede, wo sie eine nachlässige, vertrauliche, lebhafte Diktion kennzeichnet. Als rhetorische Figur dient sie in Schrifttexten dazu, diese angedeuteten Möglichkeiten intentional zu nutzen: zur Vortäuschung der Realistik des Sprechens in der direkten Rede dramatischer und epischer Figuren, zum Ausdruck eines informellen oder erregten Sprachstils. Neben Texten, die die gesprochene Rede nachahmen, gibt es solche, die aus Gründen räumlicher Ökonomie die Ellipse bevorzugen: Telegramme, Schlagzeilen, Lexika, technisch-naturwissenschaftliche Schriften. Die Ellipse fordert in diesen Fällen die Konzentration auf das Relevante.

B 61 Habe nun, ach! Philosophie/... Durchaus studiert ...
(Goethe, "Faust")

Die Ellipse des "ich" signalisiert, unterstützt durch die Interjektion "ach", die leidenschaftliche Erregtheit Fausts bei seinem ersten Auftritt.

(b) A sudden blow: the great wings beating still
Above the staggering girl, her thighs caressed
By the dark webs, her nape caught in his bill,
He holds her helpless breast upon his breast.
(Yeats, "Leda and the Swan")

Das Plötzliche des Überfalls spiegelt sich in der durchgängigen Ellipse des Verbum Finitum der ersten drei Verse. Dies führt zu einem Stil, dem die Häufung (congeries) von absoluten Partizipien und einer nominalen Gruppe ("a sudden blow") das Gepräge gibt. Die abrupte Bewegung der durch Ellipse und Asyndese gekennzeichneten Kola kommt erst in Vers vier zur Ruhe, der durch vollständige Syntax, Alliteration und Wiederholung eine Situation des Zuständlichen evoziert.

2. Zeugma (adiunctio): Sonderform der Ellipse, die in zwei Varianten realisiert wird. a) Kongruentes Zeugma: "Verbindung" mehrerer gleichartiger syntakto-semantischer Einheiten (z. B. nominale Objekte) mit einer übergeordneten Einheit (z. B. transitives Verb), deren Wiederholung auf diese Weise eingespart wird (z. B. "Ich sehe Häuser, (ich sehe) Villen und (ich sehe) Paläste."). b) Inkongruentes Zeugma, auch Syllepsis genannt: Die abhängigen Einheiten sind in syntaktischer (Numerus, Person, Genus) oder semantischer Hinsicht (Abstraktum-Konkretum) ungleichartig (z. B. "Sein Buch fand viele Leser, seine Aufsätze (fanden) hingegen nicht (viele Leser)."). Funktional eingesetzt,

ist die Syllepsis oft das Produkt einer "esoterischen Kombinationskunst" (Hocke), die das Unerwartete in Gestalt von Oxymora, Antithesen und kühnen Metaphern liebt. Die Wirkung kann Komik, aber auch der Aufschluß neuer Erkenntnisse sein. Je nach der Stellung der übergeordneten Einheit unterscheidet man Prozeugma (Vorderstellung), Mesozeugma (Mittelstellung) und Hypozeugma (Nachstellung). c) Eine Sonderform des inkongruenten Zeugmas ist das A p o k o i n u , das einem Wort aufgrund seiner Mittelstellung zwei syntaktische Funktionen (z. B. Objekt, Subjekt) zuweist (Beispiel teleskopierter Sätze: "I think what we need for the dance is a good beatband will be a lot better than records.").

B 62 Kleider machen Leute, doch auch das Leben schwer. (Schlager)

(b) Here thou, great ANNA! whom three realms obey,
Dost sometimes counsel take - and sometimes tea.
(Pope, "The Rape of the Lock", Canto III.)

3. A s y n d e t o n (dissolutio, solutum, dialyton): Auslassung von Konjunktionen bei der Reihung von Wörtern, Satzteilen, Sätzen. Das Gegenteil bildet das P o l y s y n d e t o n (acervatio): eine Folge von Kommata oder Kola, die durch die gleiche Konjunktion verbunden sind. Das Asyndeton tritt häufig im Verein mit anderen Stilfiguren ("Klimax", Antithese, Isokolon) auf. Im Rahmen einer Strategie der Kürze hat es die Funktion, die Aufmerksamkeit des Rezipienten auf das Wesentliche (Nomina, Verben) zu konzentrieren. Diese Qualität macht es zum geeigneten Stilmittel für bestimmte Textsorten (z. B. Telegramme, militärische Befehle usw.).

B 63 Veni, vidi, vici. (mit Incrementum; lakonische Militärsprache)

(b) I may, I must, I can, I will, I do
Leave following that which it is gain to miss.
(Sidney, "Astrophil and Stella", 47)

Die asyndetischen Isokola haben, verstärkt durch den jeweils anaphorischen Beginn, die Funktion, die feste Entschlossenheit des Sprechers zu verdeutlichen. Seine zwiespältige Haltung spiegeln die beiden Oxymora (leave following, gain to miss) des zweiten Verses.

(c) So lang zu reden, lesen, hören
Und mit dem Haupt, Hut, Knie, Fuß, Hand
Gesandten, Herren, König ehren,
So lang zu sprechen an der Wand:
So lang zu schreiben und zu reden
Von Gabor, Tilly, Wallenstein,
Von Frankreich, Welschland, Dänmark, Schweden
Ist eine Pein. (Weckherlin, "Ode. Drunckenheit")

Vergleiche auch B 52.

4. Percursio (diexodos, epitrochasmos): das "Durchlaufen" einer Reihe von Themen, denen keine amplifizierende Behandlung zuteil wird. Die Percursio ist demnach eine Aneinanderfügung von "Summen ohne Detail" (Lausberg). Sie repräsentiert die Reduktion eines Textes auf seinen minimalen Informationsgehalt (= propositio). Eine häufige Form ihrer Verwirklichung ist die asyndetische Reihung von Themen (z. B. in der Recapitulatio des Redeschlusses, im Summationsschema).

B 64 Ein typisches Beispiel für die Percursio sind die "barocken" Buchtitel, welche einen im nachfolgenden Werk explizierten Katalog von narrativen Themen bieten, z. B. im Fall von Defoes "Moll Flanders": "Die glücklichen und unglücklichen Begebenheiten der berüchtigten Moll Flanders, &c. die in Newgate zur Welt kam und in einem wechselvollen Leben von sechzig Jahren, ihre Kindheit nicht mitgerechnet, zwölf Jahre als Dirne lebte, fünfmal verheiratet war (davon einmal mit ihrem eigenen Bruder), zwölf Jahre als Diebin sich herumtrieb und acht Jahre als Strafgefangene nach Virginia verbannt war, die zuletzt aber reich wurde, ehrbar lebte und bußfertig starb."

5. Paralipse (paraleipsis, occupatio, praeteritio): bekundetes "Übergehen" eines oder mehrerer Redegegenstände, deren Percursio dennoch einer teilweisen thematischen Durchführung gleichkommt. Als Gründe für die Paralipse werden dabei die Bekanntheit oder Unwichtigkeit des Themas bzw. Zeitmangel angeführt. Die Diskrepanz zwischen Absichtserklärung (Paralipse) und faktischem Tun (Accumulatio) stuft diese Brevitas-Figur zugleich als eine Sonderart der Ironie ein: Gerade dadurch, daß man dezidiert die Aufmerksamkeit von einem Thema ablenkt, wächst ihm Bedeutung zu.

B 65 To tell you what pitiful mishaps fell to the young Prince of Macedon his cousin, I should too much fill your ears with strange horrors: neither will I stay upon those laboursome adventures, nor loathsome misadventures, to which and through his fortune and courage conducted him. (Sidney, "Arcadia")

Der auktoriale Erzähler operiert mit dem Mittel der Suggestion. Indem er vorgibt, sein Publikum mit der Darstellung schrecklicher Ereignisse verschonen zu wollen, aktiviert er seine Einbildungskraft. Gleichzeitig erwähnt er die wichtigsten Themen und schlüpft damit in die Rolle des Ironikers.

(b) "Ich will nicht von seiner Tapferkeit reden: seinem Wagemut, der ihn bei Agenaar fast das Leben gekostet hätte, seiner Zivilcourage, der viele ihre Existenz verdanken; vielmehr will ich seine Besonnenheit rühmen .... " Ironie, da die Verneinung der Themenbehandlung gerade zur Darstellung der Themen führt.

6. Aposiopese (aposiopesis, praecisio, interruptio): abrupter, intentionaler Abbruch der Gedankenfolge, der im Text entweder durch syntaktische Unterbrechung oder eine Übergangsformel signalisiert wird. Im allgemeinen ist der sprachlich nicht realisierte Schluß der Gedankenkette aus dem Vorangehenden ableitbar; zum Teil kann der Vortrag (actio) eine Ersatzfunktion übernehmen ("Ich werde dir's - !" Drohend schüttelte er die Fäuste.). Die Funktionen der Aposiopese sind verschiedenartig. Sie kann die übermäßige affektische Anteilnahme des Sprechers am Redegegenstand bekunden, aber auch seine Scheu, dem Publikum ein situatives Inaptum zuzumuten (z. B. Obszönität). Eine weitere Aufgabe ist die der plötzlichen Überleitung von einem Thema zum anderen. Mehrfach verwendet, vermag sie die Spannung zu steigern. Ihr unfunktionales Vorkommen in mündlichen Sprachäußerungen ist hingegen Indiz einer mangelhaften Ausdrucks- und Gedankenbeherrschung.

B 66 Bear with me,
My heart is the coffin there with Caesar,
And I must pause till it come back to me.
(Shakespeare, "Julius Caesar", III. iii.)

Antonius bricht seine Rede ab, weil er (angeblich) vom Schmerz überwältigt ist. Die Aposiopese erscheint in der Gestalt einer Übergangsformel (I must pause).

(b) "Tony!" sagte sie, "ich glaube, daß mich Gott - "
Und die kleine Antonie, achtjährig und zartgebaut, in einem Kleidchen aus ganz leichter changierender Seide, den hübschen Blondkopf ein wenig vom Gesichte des Großvaters abgewandt, blickte aus ihren graublauen Augen angestrengt nachdenkend und ohne etwas zu sehen ins Zimmer hinein, wiederholte noch einmal: "Was ist das", sprach darauf langsam: "Ich glaube, daß mich Gott", fügte, während ihr Gesicht sich aufklärte, rasch hinzu: " - geschaffen hat samt allen Kreaturen", war plötzlich auf glatte Bahn geraten und schnurrte nun, glücksstrahlend und unaufhaltsam, den ganzen Artikel daher, getreu nach dem Katechismus ...
(Thomas Mann, "Buddenbrooks")

Die zweimalige Aposiopese, unterbrochen durch eine Digression und eine Parenthese, die jeweils der Beschreibung dienen, hat hier die allgemeine Funktion des verzögerten Romanauftakts. Dadurch wird Spannung geschaffen. Zugleich ahmt diese Stilfigur aber auch die natürliche Redesituation nach. Die Erzählzeit der beiden deskriptiven Einschübe spiegelt die erzählte Zeit (Tonys Nachdenken).

Übungen

Analysieren Sie folgende Texte:

Ü 33 Die Tempelherren,
Die Christen nicht, sind schuld; sind, nicht als Christen,
Als Tempelherren schuld.

Lessing, "Nathan der Weise", II. i.

Ü 34 My sister, I dare say, added he, does not care to let a man come so near her ++++ . I will not say whether my uncle Toby had completed the sentence or not; - 'tis for his advantage to suppose he had ... If on the contrary, my uncle Toby hat not fully arrived at his period's end, - then the world stands indebted to the snapping of my father's tobacco pipe, for one of the neatest examples of that ornamental figure in oratory, which Rhetoricians stile the A p o s i o p e s i s .

Sterne, "Tristram Shandy".

Ü 35 Gedichte sind gemalte Fensterscheiben!
Sieht man vom Markt in die Kirche hinein,
Da ist alles dunkel und düster;
....
Kommt aber nur einmal hinein!
Begrüßt die heilige Kapelle;
....

Goethe

Ü 36 DANTON. Ich habe auf dem Marsfelde dem Königtume den Krieg erklärt, ich habe es am 10. August geschlagen, ich habe es am 21. Januar getötet und den Königen einen Königskopf als Fehdehandschuh hingeworfen.

Büchner, "Dantons Tod", III.

Ü 37 I find no peace, and all my war is done,
I fear, and hope. I burn, and freeze like ice.
I fly above the wind, yet can I not arise.
And naught I have, and all the world I season.

Wyatt, "Sonnets", IV.

Ü 38 URSULA: Du warst krank? AGO: Dreimal schwer. URSULA: Hergestellt? AGO: Auf meine Weise. URSULA: Sehr als Mann? AGO: Sehr als Mensch. SOFIE zeigt auf Ursula: Und sie? AGO: Sehr als Weib. SOFIE: Schöner doch? AGO: Reifer - weiß nicht. URSULA: Hoffentlich. OTTO: Meine Assistentin. Zur Chemie berufen. AGO: Neigung zur Analyse? URSULA: Synthese. ...

C. Sternheim, "Das Fossil", I. iv.

Ü 39 Ihre Augen voll von Glut! Was Glut? Karfunkelstrahlen.
Auch nicht! Sie sein ein Blitz, der durch die Lüfte sprüht.
Und sich aus ihrem Aug' bis in die meinen zieht.
Nicht Blitze, Bolzen sein's, damit sie pflegt zu prahlen,
Damit sie pflegt den Zoll der Liebe bar zu zahlen.
Nicht Bolzen, Sonnen sein's ...

Zesen, "Auf die Augen seiner Lieben".

Ü 40 Fain would he be revenged on both; but both now fled different ways: and, as a woman in a little house that gets a painful livelihood by spinning, if chance her geese be scattered o' er the common, she courses round the plain from side to side, compelling here and there the stragglers to the flock; they cackle loud, and flutter o' er the champaign; so Boyle pursued, so fled this pair of friends: finding at length their flight was vain, they bravely joined, and drew themselves in phalanx.

Swift, "The Battle of the Books".

Ü 41 I thought of the E on the stone, and of what Mao said
la lumière"
        but the kingfisher
de l' aurore"
        but the kingfisher flew west
est devant nous!
        he got the color of his breast
        from the heat of the setting sun!

Charles Olson, "The Kingfishers", I. ii.

Ü 42 Sie können einen ungesitteten Gegner vielleicht an mir finden: aber sicherlich keinen unmoralischen. Dieser Unterschied zwischen "ungesittet" und "unmoralisch", der sehr wichtig ist, obgleich beide Wörter ihrer Abkunft nach das nämliche bedeuten müßten, soll ewig unter uns bleiben. Nur Ihre unmoralische Art zu disputieren will ich in ihr möglichstes Licht zu setzen suchen, sollte es auch nicht anders als auf die ungesitteste Weise geschehen können.

Lessing, "Anti - Goeze", II.

Ü 43 Aus einer Teichoskopie (Johanna hat sich befreit.):
ISABEAU. Sprich, ist sie unten?
SOLDAT. Mitten
Im Kampfe schreitet sie - Ihr Lauf ist schneller
Als mein Gesicht - Jetzt ist sie hier - jetzt dort
Ich sehe sie zugleich an vielen Orten!
- Sie teilt die Haufen - Alles weicht vor ihr,
Die Franken stehn, sie stellen sich aufs neu!
- Weh mir! Was seh ich! Unsre Völker werfen
Die Waffen von sich, unsre Fahnen sinken -

Schiller, "Die Jungfrau von Orleans", V. xii.

Ü 44 To be, or not to be: that is the question:
Whether 'tis nobler in the mind ...

Shakespeare, "Hamlet", III. i.

4. Appellfiguren

Texte existieren nicht ohne ein Publikum, an das sie appellieren; sie informieren, verlocken, bewegen. Dieser Appell erfolgt vorzugsweise durch die reale oder fiktive Person eines Sprechers: in der Rede durch den Redner, in der Predigt durch den Geistlichen, im Brief durch den Schreiber, im Gedicht durch das lyrische Ich, in der Epik durch den Erzähler, im Schauspiel durch die Rollenfigur. Der Angeredete ist ein Zuhörer, der auch der Sprecher selbst sein kann. Diese Art "Publikumszugewandtheit" wird u. a. in Gestalt von Frage, Antwort, Ausruf, Apostrophe realisiert. Sie kann alle Modalitäten der rationalen und emotionalen Einflußnahme umfassen. Ihr haftet nicht die Gefühlsechtheit einer empfindenden Seele, sondern stets etwas Scheinhaftes, Schauspielerisches an. Appellfiguren können daher auch als Schauspielerfiguren gelten. Gut "gespielt", sind sie laut den Schulrhetoriken sehr affektstark; daher auch der Name "Affektfiguren" für manche von ihnen. Viele Appellfiguren stehen der Ironie nahe, da die mit dem Publikum ins Werk gesetzte Kommunikation meist fiktiv ist: Fragen sind Scheinfragen, Antworten Scheinantworten; der Dialog ist ein geheuchelter.

4.1. Interrogatio (erotema) = "rhetorische Frage": eine Frage, die keine Antwort erfordert, da sie diese schon implizite enthält; Scheinfrage, die zum Zwecke der intensivierenden Wirkung an die Stelle einer Aussage oder Aufforderung tritt. Die Interrogatio drückt häufig heftige rednerische Affekte (Empörung, Bitterkeit) aus. Ihre Wirkungsabsicht ist oft paränetisch oder apologetisch.

B 67 Wie lange noch willst du, Catilina, unsere Langmut mißbrauchen? Wie lange noch soll diese deine Tollheit ihr Spiel mit uns treiben? Bis zu welchem Ziele wird diese grenzenlose Frechheit noch keck auftreten? Hat denn die nächtliche Besetzung des Palatinischen Berges, die bange Besorgnis des Volkes, das Zusammenströmen aller Vaterlandsfreunde, dieser so wohlbefestigte Ort der Senatssitzung, die Blicke und Mienen dieser Männer gar keinen Eindruck auf dich gemacht? ...

(Cicero, 1. Catilinarische Rede, übers. v. M. Oberbreyer)

Die Häufung (accumulatio) von rhetorischen Fragen spiegelt die Entrüstung des Sprechers, der in paränetischer Form Anklage erhebt.

4.2. Aporie (aporia, (ad)dubitatio, deliberatio): gespielter Zweifel des Sprechers an seiner Eignung zur Bewältigung der rednerischen Aufgabe, in der Regel formuliert als eine "an das Publikum in Frageform gestellte Bitte um Beratung" (Lausberg). Als eine fingierte "deliberatio" hat die Aporie ihren Platz vorzugsweise am Anfang eines Textes (Exordialtopos: "Womit soll ich beginnen?").

B 68 Wer zählt die Völker, nennt die Namen,
Die gastlich hier zusammenkamen?

(Schiller, "Die Kraniche des Ibykus")

(b) My more than brother! What shall I say? What shall I write to you? Shall I profess an abhorrence of my past conduct? Ah me! too well do I know its iniquity!
(S. T. Coleridge, Brief an seinen Bruder George vom 08. 02. 1794)

4.3. Communicatio (anakoinosis): fiktiver Mitteilungsprozeß. Der Sprecher versetzt das Publikum in die Rolle eines Informanten, von dem er eine Auskunft oder einen Rat einholt. In Wirklichkeit ist sein Wissen längst vollständig, seine Entscheidung gefällt (Ironie). Die Funktion der Communicatio ist in der Regel die Insinuation des eigenen Standpunktes.

B 69 Was haltet ihr von dieser Angelegenheit? Gibt es irgendein besseres Mittel, die Sache zu bereinigen? Was hättet ihr getan, wäret ihr in derselben Lage gewesen? Hiermit appelliere ich an euer Gewissen, ob ihr dergleichen ungestraft ausgehen ließet, falls euch jemand gleiches Unrecht antäte. (nach Wilson)

4.4. Subiectio ((ant)hypophora): fiktiver, aus Frage und Antwort bestehender Dialog in der Rede des Sprechers, also ein "dialogischer Monolog" (Lausberg). Seine Funktion ist einmal die Vorwegnahme (Prokatalepsis) möglicher Einwände, zum anderen die verlebendigende Expansion eines Themas. Das Auftreten eines imaginären Gesprächspartners (fictus interlocutor) verleiht dem Text einen dialektischen Charakter.

B 70 What is honour? a word. What is in that word honour? what ist that honour? Air. A trim reckoning! Who hath it? he that died o' Wednesday. Doth he feel it? No. Doth he hear it? No. 'Tis insensible, then? Yea, to the dead. But will it not live with the living? no. Why? detraction will not suffer it. Therefore I'll none of it. Honour is a mere scutcheon: and so ends my catechism.
(Shakespeare, "1 Henry IV", V. i.)

Falstaffs Katechismus über die Ehre kann als der "locus classicus" der Subiectio betrachtet werden.

4.5. Prokatalepse (prokatalepsis, praeparatio, praeoccupatio, praeventio): vorwegnehmende Widerlegung möglicher Einwände des Gegners, häufig gekleidet in die Form einer Antwort auf eine Frage (Subiectio). Der Prokatalepse eignet daher ein argumentativer Charakter.

B 71 Du wirst mir einwenden: "Was tadelt er denn noch? Denn wer vermag seinem Willen zu widerstehen?" O Mensch, wer bist du denn, daß du mit Gott rechnen willst? Darf das Gebilde zum Bildner sagen: "Warum hast du mich so gemacht?"
(Paulus, Römerbrief 9. 19)

Einwand und Widerlegung sind in rhetorische Fragen eingefaßt. Die Widerlegung fällt wegen der Apostrophe "o Mensch" und der Prosopopoiie des Bildes besonders pathetisch aus.

4.6. <u>C o n c e s s i o</u> (paromologia): fiktive rednerische Kapitulation. Der Sprecher bekennt sich seinem Gegner in der Sache unterlegen, hebt aber dieses Eingeständnis durch überbietende Gegenargumente oder Ironiesignale wieder auf. Die Stärkeposition des Antipoden und die eigene Schwäche sind simuliert, damit der Gegenschlag um so besser treffen kann. Eine besondere Ausprägung hat die Concessio in dem exordialen Topos der affektierten Bescheidenheit erhalten; seine Widerlegung erfolgt durch das nachfolgende Werk selbst.

B 72 I admit you are resolute; I grant your determination is immoveable; but it is in things against your friend's judgment, and things against your own praise and profit.
(Hoskins)

Zwei Konzessionen an den Adressaten stehen zwei Einwände gegenüber, welche einmal seinen Freund und zum anderen - eine Steigerung (incrementum) - ihn selbst betreffen. Je zwei anaphorische Kola, die zudem nach dem Gesetz der wachsenden Glieder strukturiert sind, verleihen dieser Concessio weiteres Gewicht.

4.7. <u>P e r m i s s i o</u> (epitrope): Ironie des falschen Rates: scheinbare Aufforderung zu allen möglichen (auch für den Angeredeten schädlichen) Handlungen, obgleich diese dem Willen des Sprechers entschieden widersprechen. Die Permissio steht folglich oft als Ausdruck von Ärger und Unwillen.

B 73 Tu , was du willst! Renn nur in dein Verderben!

(b) Take your pleasure for a time and do what you like;
a time will come, when account shall be made.

4.8. <u>E x c l a m a t i o</u> (ecphonesis) = Ausruf: Ausdruck des Affekts, der durch Interjektionen (z. B. "o, ah, ach, weh"), emphatische Aussprache (pronuntiatio) und pathetisches Vokabular kenntlich ist. Aus rhetorischer Sicht ist die Exclamatio ein Kunstmittel; d. h. die ihr zugrundeliegenden Affekte sind geheuchelt, simuliert.

B 74 O Gott, was rauhe Not! wie schäumt die schwarze See
Und spritzt ihr grünes Salz! Wie reißt der Zorn die Wellen
Durch nebelvolle Luft! Wie heult das wüste Bellen
Der tollen Stürm uns an! Die Klippe kracht von Weh...
(Gryphius, "Andenken eines auf der See ausgestandenen gefährlichen Sturms")

(b) O eyes, no eyes, but fountains fraught with tears;
O life, no life, but lively form of death;
O world, no world, but mass of public wrongs,
Confus'd and fill'd with murder and misdeeds!
(Kyd, "The Spanish Tragedy", III. ii.)

Drei Ausrufe, die durch Interjektion, Anapher, Isokolie, Correctio, Incrementum (eyes-life-world) und Oxymoron (lively form of death) ein Höchstmaß an rhetorischer Energie besitzen. Die Exclamatio beginnt hier schon in die Apostrophe überzugehen.

4.9. <u>A p o s t r o p h e</u> (aversio): überraschende "Abwendung" des Sprechers von seinem primären Publikum (in der judizialen Rede: den Richtern, im Drama: dem Gegenspieler, in der Werbung: dem potentiellen Käufer) und gleichzeitige Hinwendung zu einem "Zweitpublikum" (Lausberg), das mit hohem Pathos angeredet wird. Die Apostrophe kann daher - wie auch die Exclamatio - eine Reihe sekundärer Affektfiguren absorbieren, z. B. Abscheu (abominatio), Verwünschung (execratio), Beschwörung (obsecratio), Ermahnung (adhortatio), Anklage (accusatio) und Tadel (reprehensio). Als Zweitpublikum sind zu nennen: Ankläger oder Verteidiger (vor Gericht), abwesende Personen, Tote, Götter, Personifikationen, leblose Dinge, der Sprecher selbst (Selbstapostrophierung). Topos-Charakter hat die Apostrophe als Invocatio von Göttern oder Musen (z. B. zu Beginn von Oden und Epen) und als desillusionierender Verfremdungseffekt im Drama (z. B. im epischen Theater) oder Roman, wo der Sprecher (dramatische Figur bzw. Erzähler) sich unmittelbar an das Publikum wendet. Die Form der Apostrophe ist oft die eines Ausrufs oder einer rhetorischen Frage. Ihre Wirkungsintention ist die appellative Beeinflussung des Hörers oder Lesers.

B 75 Erhebt eure Herzen, meine Brüder, hoch, höher! Und vergeßt mir auch die Beine nicht! Erhebt auch eure Beine, ihr guten Tänzer, und besser noch: ihr steht auch auf dem Kopf!
(Nietzsche, "Also sprach Zarathustra")

(b) O wild West Wind, thou breath of Autumn's being,
Thou from whose unseen presence the leaves dead
Are driven like ghosts from an enchanter flying, ...
(Shelley, "Ode to the West Wind", I)

Die Invokation des Besungenen gehört zu den Exordialtopoi der Ode. Hier wird der Westwind durch die Apostrophe vermenschlicht; das gibt gleichzeitig den Anstoß zu einer anthropomorphen Allegorie. Die Interjektion "o" drückt die starke Anteilnahme (Empathie) des lyrischen Ichs aus.

4.10. <u>S e r m o c i n a t i o</u> (allocutio, mimesis, imitatio) = "Impersonation" (Puttenham: Counterfait in Personation): Charakterisierung realer oder erfundener Personen durch fiktive Rede. Die Sermocinatio ist die Figur der Impersonation, da sich hier der Sprecher zur Anrede seines Publikums einer angenommenen Rolle bedient: Er wird zum Schauspieler, der sich in der Kunst der Nachahmung (mimesis, imitatio) anderer übt. Diese spezifische Mimesis, die in der mündlichen Rede (u. a. als Quelle des Witzes) auch den Pronuntiatio-Bereich einbezieht, hebt die Sermocinatio von der Descriptio Personae ab, mit der sie sonst verschiedene Züge

(z. B. die Topoi der INVENTIO) gemeinsam hat. Die Bedeutung dieser Figur erhellt, daß sie bis weit in die Neuzeit hinein in den populären Progymnasmata aufgeführt wurde. Je nach der Art der Mimesis, der Psychologie und der Rede unterscheidet man drei Typen der Impersonation.

4.10.1 Mimetische Formen der Sermocinatio

Die Impersonation hält sich entweder an Historisches bzw. Wahrscheinliches (verisimile) oder begibt sich in den Bereich des Phantastischen.

a) Ethopoiie (ethopoiia, notatio): Impersonation von historischen Figuren oder (Alters-, Standes-, Nationalitäts-) Typen,deren Reden entweder wahr oder wahrscheinlich sind. Die Ethopoiie spielt eine große Rolle in der rhetorisch beeinflußten Historiographie, wo den großen Staatsmännern fiktive Reden in den Mund gelegt werden (z. B. bei Thukydides: Perikles, bei Sallust: Caesar, Cato), ferner im historischen Epos, im historischen Roman, im Briefroman, schließlich bei jeder glaubhaften Wiedergabe von Aussprüchen, Gesprächen und Reden. die realen oder fiktiven Personen zugeschrieben werden.

b) Prosopopoiie (prosopopoiia, fictio personae): Impersonation nichtpersonhafter Gegenständlichkeiten vermöge der Kraft der (poetischen) Phantasie. Gottsched redet hier treffend von "Sprach-" bzw. "Personendichtung". Die Prosopopoiie hat eine energetische Funktion: Der Zuhörer-Leser wird fiktiver Augenzeuge einer Verlebendigung, der auf der tropischen Ebene die anthropomorphe Metapher (bzw. Allegorie) entspricht. Das sich ihm bietende Schauspiel zeigt die Reden von Tieren (in der Fabel), Toten (in Fénelons "Dialogues des morts"), Abstrakta (Tugenden und Laster in der Moralität), Dingen (Meister Proper oder Weißer Riese in der Waschmittelreklame). Die Prosopopoiie ist häufig an ein hohes Pathos gebunden.

4.10.2. Psychologische Formen der Sermocinatio

Die Impersonation charakterisiert entweder eine sanfte Gefühlslage (Ethos) oder ein heftiger Leidenschaftsausbruch (Pathos).

a) Ethopoiie (zum Teil mit der Bedeutung von 4.10.1.a) identisch): Impersonation einer "ethischen" Gemütslage (Beispiel: die Figuren der Neuen Komödie).

b) Pathopoiie (imaginatio): Impersonation von Gegenständlichkeiten im Augenblick eines starken Affektausbruchs. Muster dieser Figur finden sich in der Tragödie (z. B. der Geist in Shakespeares "Hamlet") und in der Rollenlyrik (z. B. Goethes "Prometheus", der "Mirror for Magistrates").

4.10.3 R e d e f o r m e n der Sermocinatio

Die Impersonation wird in zwei Redeformen realisiert, dem M o n o l o g und dem D i a l o g (dialogismus), wobei der Monolog in einen publikumslosen (Selbstgespräch, "soliloquy") und einen publikumsorientierten ("monologue"), der Dialog in einen "äußeren" (d. h. zwischen zwei Personen) und einen "inneren" (d. h. zwischen zwei Kräften einer Person) untergliedert wird.

B 76 Die Torheit spricht: Wie sehr mich auch gemeinhin die Sterblichen verlästern mögen - denn ich weiß recht wohl, wie übel die Torheit selbst bei ihren Anhängern angeschrieben ist - , so behaupte ich doch, daß ich, ich die Eine und Einzige bin, die ich durch meine Macht Götter und Menschen in heitere Laune versetze. Ein überzeugender Beweis liegt in folgendem: Ist es nicht augenscheinlich, daß auch die Freude mit mir eingekehrt ist, seitdem ich vor dieser zahlreichen Versammlung erschienen bin? ... (Erasmus, "Lob der Torheit")

Die Impersonation einer Eigenschaft zählt zu der phantastischen Spielart der Sermocinatio, der Prosopopoiie. Die hier verwendete Redeform ist ein publikumsbezogener Monolog, der das "Ethos" der Torheit schildert. Dieser Monolog gehört zur epideiktischen Gattung; genauer: er stellt ein paradoxes Encomium dar, da hier eine gemeinhin negativ beurteilte Eigenschaft gelobt wird. Den Eingang des Monologs bildet eine "dramatische Selbstvorstellung" (Schücking), die gleich - effektvoll unterstützt durch eine Parenthese - die ganze Spannweite des Redeanliegens (Tadel-Lob) in Gestalt einer Propositio umreißt. Es folgt die Argumentatio, die auf einem induktiven Beweis aufbaut.

(b) Eine Gattung, die auf der dialogischen Sermocinatio (häufig Prosopopoiie) basiert, ist das mittelalterliche Streitgedicht (débat, altercatio, conflictus), z. B. zwischen Frühling und Winter (Alkuin), Eule und Nachtigall (mittelenglisches Beispiel), Ackermann und Tod (Johann von Tepl). Neben diesen Fällen des "äußeren" gibt es auch solche eines "inneren Dialogs" (z. B. in den dialogischen Monologen von Marlowes Faustus).

Ü b u n g e n

Ü 45 To sing a song that old was sung,
From ashes ancient Gower is come;
Assuming man's infirmities,
To glad your ear, and please your eyes.

Shakespeare, "Pericles", Prolog des Gower.

Ü 46 Denn was sind diese Verfassungen in Deutschland? Nichts als leeres Stroh, woraus die Fürsten die Körner für sich herausgeklopft haben. Was sind unsere Landtage? Nichts als langsame

Fuhrwerke, die man einmal oder zweimal wohl der Raubgier der Fürsten und ihrer Minister in den Weg schieben, woraus man aber nimmermehr eine feste Burg für deutsche Freiheit bauen kann.

Büchner, "Der hessische Landbote".

Ü 47 Dear fatal name! rest ever unreveal' d,
Nor pass these lips in holy silence seal' d:
Hide it, my heart, within that close disguise,
Where, mix' d with God' s, his loved idea lies:
Oh write it not, my hand - the name appears
Already written - wash it out, my tears!

Pope, "Eloisa to Abelard"

Ü 48 Himmel! welche entsetzliche Wortfügungen; welche hochverräterische Zeitwörter! welche majestätsverbrecherische Akkusative! welche Imperative! welche polizeiwidrige Fragezeichen!

Heine, "Ludwig Börne", 3. Buch.

Ü 49 You ask, what is our aim? I can answer in one word:
Victory - victory at all costs, victory in spite of all terror,
victory, however long and hard the road may be;
for without victory, there is no survival.

W. Churchill, Rede vom 08. 05. 1940.

Ü 50 Was sollen wir nun sagen? Sollen wir in der Sünde verbleiben,
damit die Gnade desto mehr zunehme? Nie und nimmer!
Wir sind doch der Sünde abgestorben.

Paulus, Römerbrief 6. 1.

Ü 51 Who is here so base that would be a bondman? If any, speak; for him have I offended. Who is here so rude that would not be a Roman? If any, speak; for him have I offended. Who is here so vile that will not love his country? If any, speak; for him have I offended.

Shakespeare, "Julius Caesar", III. ii.

Ü 52 Come, let me write. And to what end? To ease
A burthened heart. How can words ease, which are
The glasses of thy daily-vexing care?
Oft cruel fights well pictured-forth do please.

Sidney, "Astrophil and Stella", 34.

Ü 53 To whom shall I this dancing poem send,
This sudden, rash, half-capriole of my wit?

Sir John Davies, "Orchestra", Dedication I.

5. T r o p e n

Jeder Text besteht aus einer Reihe semantischer Einheiten, die gegen andere austauschbar sind. Formen und Modalitäten eines solchen Austauschs werden unter die Stilkategorien subsumiert, die den Namen "Tropen" (d. h. "Wendungen") tragen. Ihre allgemeine Struktur sei an einem Beispiel verdeutlicht: In dem Satz "Er war ein Turm in der Schlacht." bildet "Turm" das tropische Substituens (verbum translatum = übertragener Ausdruck), während das Substituendum (verbum proprium = eigentlicher Ausdruck) etwa "unerschütterlicher Kämpfer" heißt. Das Substituendum ist häufig eine habituelle, das Substituens hingegen eine okkasionelle Bezeichnung. Aus dieser Diskrepanz resultiert eine Spannung, da der Rezipient ständig aufgerufen ist, für sich die habituelle Bedeutung eines Tropus zu erschließen. Je bekannter der Tropus ist, desto schneller wird diese Spannung abgebaut. Wird ein Tropus kaum noch oder nicht mehr als ein solcher erkannt, ist er "lexikalisiert", so herrscht die spannungslose "perspicuitas" des Ausdrucks. Das andere Extrem ist durch Obskurität markiert: Das Substituendum ist schwer oder gar nicht auffindbar, so daß der (zweifellos hypothetische) Begriff der tropischen Substitution selbst in Frage gestellt ist. Das Fazit daraus lautet: Die Bekanntheit eines Tropus richtet sich nach dem Grad der Konventionalität bzw. Innovation, den er für den Betrachter besitzt. Eine Innovation, die auf ein ermangelndes "verbum proprium" zurückzuführen ist, heißt K a t a c h r e s e (abusio: z. B. "Tischbein", "Fuß des Berges"); sie wird im Laufe der Zeit häufig habitualisiert. An diesem Fall wird besonders deutlich, daß der Tropus eine interpretatorische Leistung vollbringt: Er legt Realität in bestimmter Weise aus. Für den Interpreten repräsentiert er daher einen Erkenntniswert, der ihn ständig zum "synthetischen Denken" provoziert (so schon Aristoteles, "Rhetorik" III, 1410b). Außer dieser kognitiven hat der Tropus aber auch noch eine ornative Funktion. In dieser Eigenschaft ist er das Fundament der Ästhetizität von Texten.

Tropen werden signalisiert durch sprachliche und außersprachliche Kontexte. Letztere, die ein starkes Determinans der mündlichen Rede sind, sollen in der folgenden Darstellung nur eine periphere Rolle spielen. Innerhalb des sprachlichen Kontextes muß man Art, Umfang und Position der tropischen Substitution berücksichtigen:

a) Art der tropischen Substitution

Schon früh unterlag die tropische Substitution einer relativ strikten, wenn auch im einzelnen uneinheitlichen Klassifikation (Lanham, s. v. Trope). Ihre Grundlage bildete das Verhältnis von Substituens und Substituendum, das mittels logischer Kategorien wie Art-Gattung, Ursache-Wirkung, Teil-Ganzes bestimmt wurde. Diese sind wegen ihrer allgemeinen Geläufigkeit auch im folgenden übernommen, außerdem Lausbergs Unterscheidung von Grenzverschiebungs- und Sprungtropen. Bei "Grenzverschiebungs-Tropen" wird der tropisch verwendete Wortkörper aus einem Inhaltsbereich genommen, "der dem des zu ersetzenden Wortkörpers ...

unmittelbar benachbart ist" (Lausberg II); dies ist der Fall bei Periphrase, Synekdoche, Antonomasie, Emphase, Litotes, Hyperbel und Metonymie. Bei "Sprung-Tropen" herrscht zwischen Substituendum und tropischem Substituens entweder das Verhältnis des Abbildes (Metapher, Allegorie) oder des Gegensatzes (Ironie). Der Einfachheit halber sei an dieser Reihenfolge der Tropen festgehalten, obgleich sich möglicherweise eine andere konstruieren läßt.

b) Umfang der tropischen Substitution

Traditionellerweise unterscheidet man zwischen der Substitution von Wörtern und Gedanken (oder Sätzen) und richtet infolgedessen zwei extensionale Klassen von Tropen ein: Worttropen und Gedankentropen (bzw. Satztropen). Da diese Differenzierung mit Ausnahme der Allegorie nicht in der Terminologie zum Ausdruck kommt, lassen wir sie fallen. Die Behandlung der Allegorie (als "textologischer Metapher") erfolgt im Anschluß an die Metapher.

c) Position der tropischen Substitution

Jeder Tropus kann an jeder Stelle im Satz oder Text vorkommen: in der Funktion von Subjekt, Attribut, Objekt, Prädikat. Diese Tatsache erfordert eine Syntax des Tropus, auf die hier nur sporadisch anläßlich einzelner Tropen hingewiesen werden kann (siehe Metapher). Stilistische Ansätze bieten die Kategorien der Position und Amplifikation. Nicht allein das bloße Faktum der Ersetzung, sondern gerade auch die Position gibt dem Tropus seine jeweils spezifische Signifikanz.

5.1. P e r i p h r a s e (periphrasis, circumlocutio) = Umschreibung: Ersetzung der unmittelbaren Bezeichnung durch eine umschreibende, die in der Regel zur Amplifikation des Textes führt. Die Gründe der Periphrase sind zahlreich, ebenso ihre Formen, die durch andere Stilkategorien mitgestaltet werden (Lausberg: P. = "tropologische Rahmenkategorie"). An Gründen sind zu nennen: Vermeidung von Tabuwörtern (Ersatz durch Euphemismen: z. B. von "sterben" (to die) durch "im Herrn entschlafen", "heimgehen" (to go to a better world, to join the great majority)), Wiederholungen (Synonymie: "weibliches Wesen" statt "Frau"), alltäglichen Ausdrücken (Preziösität: "beim ersten Erröten der Eos" statt "bei Tagesanbruch"; "the scaly breed" statt "fish", "the woolly care" statt "sheep") oder Neologismen (katachrestische Periphrase: "Raumschiff"). Die Periphrase hat in diesen Fällen eine beschönigende, variierende, schmückende oder erklärende (definierende) Funktion. Formen ihrer Realisierung sind u. a. Antonomasie, Etymologie, Metapher, Allegorie, Synekdoche, Metonymie, Descriptio, Definitio. Als eine Stilkategorie, die dem Text sowohl Detailfülle als auch Bildhaftigkeit verleiht, ist die Periphrase bei den Dichtern sehr beliebt (McCoy). Dem periphrastischen Text eignet jene Unbestimmtheit, welche nach Ingarden die "Konkretisation" durch den Aufnehmenden herausfordert. Nicht umsonst ist die Periphrase die sprachliche Grundform des Rätsels.

B 77 Nah an der heiligen Stadt, die sich jetzt durch Blindheit entweihte,
Und die Krone der hohen Erwählung unwissend hinwegwarf,
Sonst die Stadt der Herrlichkeit Gottes, der heiligen Väter
Pflegerin, jetzt ein Altar des Bluts vergossen von Mördern;
Hier wars, wo der Messias von seinem Volke sich losriß ...
(Klopstock, "Der Messias", I, 24 ff.)

Der Name der heiligen Stadt, Jerusalem, fällt erst Vers 43. Auch die weitere Information dieser Verse besteht aus Periphrasen, die jeder unmittelbaren Aussage aus dem Weg gehen ("Blindheit", "Krone der Erwählung", "Altar des Bluts"). Mit anderen Worten: Der Inhalt dieser Verse ist außerordentlich vage. Der Grund für diese "semantische Unschärfe" liegt darin, daß Klopstock wegen der allgemeinen Bekanntheit des Stoffes viel an seiner sprachlichen Verfremdung gelegen sein mußte. Die Periphrase verrätselt den Stoff und stellt durch ihren anspielenden Charakter (allusio) das Wissen des Betrachters auf die Probe. Noch stärker wirkt dieser Zug in Klopstocks Vorbild, Miltons "Paradise Lost", dessen Eingang folgende Periphrasen enthält: "one greater Man" = Christ, "Heavenly Muse" = Urania, "that shepherd" = Moses, "the chosen seed" = the children of Israel. Die Periphrasen sind nicht nur änigmatisch, sondern auch schmückend. In dieser Eigenschaft tragen sie zu dem ästhetischen Eindruck der genannten Epen bei.

5.2. <u>Synekdoche</u> (conceptio, intellectio, pars pro toto): Ersetzung eines semantisch weiteren durch einen semantisch engeren Ausdruck und umgekehrt. Pointiert formuliert bedeutet dies: Das Besondere steht für das Allgemeine, das Allgemeine für das Besondere ein. Eine Synekdoche bezeichnet daher ein "repräsentatives" Verhältnis von Substituens und Substituendum, das K. Burke nicht unzutreffend mit der philosophischen Relationierung von Makrokosmos und Mikrokosmos vergleicht. Als eine Sonderform der "Repräsentation" kann das Symbol gelten. Den beiden genannten Substitutionsrichtungen entsprechend läßt sich eine generalisierende von einer partikularisierenden Synekdoche unterscheiden. Innerhalb dieser Gliederung kann man wieder drei synekdochische Relationstypen aufstellen: a) die Beziehung Teil - Ganzes, b) die Beziehung Spezies - Genus, c) die Beziehung Einzahl - Mehrzahl, so daß sich eine Gesamtzahl von sechs Synekdochai ergibt.

5.2.1 Die generalisierende Synekdoche

Ein semantisch engerer wird durch einen semantisch weiteren Ausdruck ersetzt, der ihn repräsentiert.

a) Substitution eines Teils durch ein Ganzes

Amerika gewann den Leichtathletikländerkampf.
(Statt: Die Mannschaft der U. S. A. ....)

b) Substitution der Spezies durch das Genus

Er sah das Wasser (statt: Meer) als seine eigentliche Heimat an.

c) Substitution der Einzahl durch die Mehrzahl

Wir sind in diesem Punkte anderer Ansicht.
(Statt: Ich bin ... - sog. "pluralis maiestatis").

5.2.2. Die partikularisierende Synekdoche

Ein semantisch weiterer wird durch einen semantisch engeren Ausdruck ersetzt, der ihn repräsentiert.

a) Substitution des Ganzen durch einen Teil

Ganze vierzehn Tage verweilte er unter meinem Dach
(statt: in meinem Haus).

b) Substitution des Genus durch die Spezies

Er gab den Armen seinen letzten Heller und Pfennig
(statt: sein letztes Geld).

c) Substitution der Mehrzahl durch die Einzahl

Der Russe und der Amerikaner (statt: die Russen und die Amerikaner) schicken sich an, den Weltraum zu erobern.

B 78 Caesar zog in Eilmärschen an den Rhein (statt: Caesar und sein Heer zogen ...). - D. h.: Substitution des Ganzen durch einen Teil.

(b) She really was a marvellous beauty (statt: a marvellously beautiful girl). - D. h. Substitution der Spezies durch das Genus.

5.3. Antonomasie (antonomasia, pronominatio): Sonderfall von Periphrase bzw. Synekdoche, der in zwei Formen verwirklicht wird: als Substitution eines bekannten (mythologischen, historischen) Eigennamens durch ein charakteristisches Attribut seines Trägers oder als Substitution eines Appellativs durch den Eigennamen eines hervorragenden Repräsentanten (sog. Vossianische Antonomasie). Im zweiten Fall wird der Eigenname verallgemeinert, im ersten das Appellativum spezifiziert. Antonomasien sind bis zu einem gewissen Grade änigmatisch; sie setzen historisches bzw. mythologisches Wissen voraus. Der Rezipient wird auf eine Suchreise geschickt, deren Inventio ihn um eine weitere Dimension bereichert entläßt.

5.3.1. Substitution des Eigennamens durch ein Appellativ

Ein Merkmal erweist sich als so charakteristisch für eine Erscheinung, daß es ihren Eigennamen ersetzen kann. Die Formen dieser Ersetzung sind die generalisierende Synekdoche und die Periphrase. Ihre inhaltliche Füllung erfolgt u. a. aus den Bereichen:

B 79 Vatername (Patronymicum): der Pelide = Achill; the son of Joseph = Jesus (Milton)

(b) Volkszugehörigkeit (Ethnicum): der Galiläer = Jesus, Cytherea = Venus, Denmark = King Claudius (Shakespeare, "Hamlet")

(c) Tätigkeit: philosophus = Aristoteles (im Mittelalter); der Musaget = Apollo, the Bard of Avon = Shakespeare, der letzte Ritter = Maximilian I., il Duce = Benito Mussolini, der Apostel der Deutschen = Bonifatius

(d) Eigenschaft: die heilige Stadt = Jerusalem (Klopstock), die Göttliche = Greta Garbo, Gloriana = Elizabeth I (Spenser), der Ritter mit der eisernen Faust = Götz von Berlichingen

(e) Etymologie: Eine concettistische Form der Antonomasie, der ursprünglich der magische Glaube des "Nomen est omen." zugrundeliegt. Ein Beispiel:
"Farewell, thou child of my right hand, and joy;
My sin was too much hope of thee, loved boy."
In einem Grabgedicht auf seinen Sohn Benjamin ersetzt Ben Jonson dessen Namen durch seine hebräische Etymologie (Benjamin = "child of my right hand"). Weitere Beispiele bei K. K. Ruthven, "The Poet as Etymologist", Critical Quarterly 11 (1969), 9-37. Ein bekanntes zeitgenössisches Exempel ist der Titel von William Goldings Roman "The Lord of the Flies", der die wörtliche Übersetzung von Beelzebub, der griechischen Transkription des hebräischen Baal - Sebub, darstellt.

5.3.2. Substitution des Appellativs durch einen Eigennamen

Die Tatsache, daß der Eigenname einer Person (Stadt usw.) als Appellativ verwendet werden kann, besagt die Reduktion seiner historischen Relevanz zugunsten seiner überzeitlichen Bedeutung. Eine methodisierte theologische Variante dieser Antonomasie bildet die sog. biblische Typologie, nach der ein historisch späterer, der Bedeutung nach äquivalenter Antitypos in einem Typos (figura) "präfiguriert" ist (Auerbach). In den Worten von D. W. Robertson, Jr.: "What, exactly, are "types" and "antitypes"? An Old Testament scene is juxtaposed with a New Testament scene to show that one foreshadows the other. ... The Old Testament "types" are more than foreshadowings of the Gospels; they are historical manifestations of principles set forth in the New Law." ("A Preface to Chaucer". Princeton, N. J., 1969, p. 189). Das Überzeitliche im Zeitlichen schauen: dies ist der Sinn der biblischen Antonomasie und der weltlichen.

B 80 ein zweiter Paris = ein schöner junger Mann, alter Homerus = ein hervorragender epischer Dichter, a contemporary Maecenas = a sponsor of artistic talents, das dritte Rom = Moskau, der neue Adam = Christus, die zweite Eva = Maria, der himmlische Eros = Christus

5.4. <u>Emphase</u> (emphasis): Ein Ausdruck impliziert okkasionell eine engere (präzisere, "tiefere") Bedeutung, als ihm normalerweise (habituell) eigen ist. Die Emphase entspricht demnach der generalisierenden Synekdoche, welche ein Besonderes repräsentiert.

B 81 Alle, die vorübergehen, gehn vorbei. (Storm)

(b) Virtue, awake! Beauty but beauty is. (Sidney)

(c) Hamlet: He (sc. my father) was a man, take him for all in all. (Shakespeare, "Hamlet", I. ii.)

Aussagen, die das Vorübergehen als Vorbeigehen, die Schönheit als Schönheit, den Vater als Mann identifizieren, sind tautologisch bzw. redundant, wenn ihnen nicht ein besonderer Sinn unterlegt wird. In der Tat ist hier in jedem einzelnen Fall die Bedeutung des wiederholten Elements verengt: "vorbeigehen" heißt "achtlos vorbeigehen", "beauty" heißt "transitory beauty", "a man" heißt "a man commanding respect". Die Folge dieser semantischen Verengung ist das Entstehen einer tropischen Sinnschicht. Ihr Informationsgehalt ist in der Regel unschwer intuitiv zu erfassen, aber in ihren Nuancen häufig nicht exakt beschreibbar.

5.4.1. <u>EXKURS: Der heutige Sprachgebrauch von Emphase</u>

Heute versteht man unter "Emphase" allgemeiner den Nachdruck, der auf einer bestimmten Texteinheit liegt (vgl. Shipley). Dieser Nachdruck kann durch die Mittel des Vortrags (phonetische, mimische, gestische Emphase), aber auch durch die Figuren der Wiederholung (z. B. Diaphora) oder der Position (z. B. Parenthese) erzeugt werden. Ferner spielt dabei die Wortwahl (Archaismen, Neologismen) keine unbedeutende Rolle. Hier nun verliert die Emphase ihren Charakter als tropische Stilkategorie und wird zum allgemeinen Stilistikum.

5.5. <u>Litotes</u> (exadversatio): Substitution eines superlativischen Ausdrucks durch die Verneinung seines Gegenteils. Die Litotes ist damit ein kompositer Tropus, der Elemente dreier anderer Tropen enthält: a) der Periphrase - infolge ihrer Indirektheit, b) der Hyperbel -

infolge ihres überbietenden Charakters, c) der Ironie - infolge der konträren (dissimulierten) Bedeutung des Substituendum. Als eine Möglichkeit des "understatement" (Untertreibung) kennzeichnen die Litotes mangelndes Engagement, rationale Distanziertheit und sogar Pessimismus des Sprechers (Leech). Sie verbirgt die Wahrheit, ist zugleich aber hervorragend geeignet, sie wirksam zu insinuieren.

B 82 Das war keine leichte (statt: eine sehr schwierige) Aufgabe.

(b) I should not be disinclined (statt: be very much inclined) to get a position in the government service.

5.6. <u>H y p e r b e l</u> (hyperbole, veri superiectio, superlatio; loud liar, overreacher): Ersetzung des dem Gegenstand "angemessenen" durch einen übertreibenden Ausdruck. Diese Übertreibung kann in zwei Richtungen erfolgen: Entweder wird der Gegenstand vergrößert (vertikale Amplifikation) oder verkleinert (auch Meiosis = Extenuatio genannt). Die dadurch bewirkte Über- oder Unterbewertung der Wirklichkeit löst den dargestellten Gegenstand aus seinen lebensweltlichen Bezügen und versetzt ihn in eine imaginäre Vorstellungswelt. Für seine (im alltäglichen Sinn) eingebüßte Glaubwürdigkeit entschädigt die Aura des Poetischen. Gerade dadurch aber erweist sich die Hyperbel als besonders wirkmächtig sowohl im Bereich der Dichtung als auch in dem der literarischen Zweckformen (Rede, Werbung). Sie aktiviert die Einbildungskraft vermöge der ihr innewohnenden Energie und schafft dadurch die Voraussetzung für ein emotionales Beteiligtsein des Aufnehmenden.

In alltäglichen Gebrauchstexten (z. B. der Werbung) hat sich der beabsichtigte Effekt der "semantischen Aufwertung" (Römer) infolge allzu großer Häufigkeit am ehesten abgenutzt: Die Hyperbel wird zur "toten Hyperbel", d. h. zu einer nichtssagenden Floskel. Herrscht zwischen dargestelltem Gegenstand und aufgewandter Hyperbolik eine "unangemessene" Diskrepanz, so spricht die normative Stilkritik von Schwulst oder Bombast.Funktional verwendet, kann solche Diskrepanz zu parodistischen Wirkungen führen (z. B. in der pseudo-homerischen "Batrachomyomachie", in Popes "The Rape of the Lock" und Swifts "The Battle of the Books"). Im Normalfall ist die amplifizierende Hyperbel an hohe Gegenstände (z. B. des Epos, der Tragödie) und an die hohe Stilebene gebunden, denen sie jeweils pathetische Glanzlichter aufsetzt. Verwirklicht wird sie nach Lausberg in zwei Formen: der "reinen Hyperbel" (übertreibender Synonymenersatz) und der "kombinierten Hyperbel" (durch Metapher, Ironie). Römer führt u. a. folgende grammatische Formen der Hyperbel an: steigernde Komposita (Riesenwaschkraft), aufwertende Appellative (Blumen-Studio, statt: Blumenladen), Superlativ (Das strahlendste Weiß meines Lebens), Komparativ (Im Stern steht mehr).

B 83 I hold the Fates bound fast in iron chains,
And with my hand turn Fortune's wheel about;

And sooner shall the sun fall from his sphere
Than Tamburlaine be slain or overcome.
Draw forth thy sword, thou mighty man-at-arms,
Intending but to raze my charmed skin,
And Jove himself will stretch his hand from heaven
To ward the blow, and shield me safe from harm.
(Marlowe, "Tamburlaine" I/ I. ii.)

In diesen Worten Tamburlaines häufen sich die Hyperbeln, die als mythologische Metapher (1-2), komparative kosmologische Similitudo (3-4), unterbietende Apostrophe (5-6) und wieder mythologische Metapher (7-8) erscheinen. Als besonderes Merkmal ist hervorzuheben, daß die Metaphern hier aktualisiert, d. h. in konkrete Wirklichkeit "übersetzt" werden. Dadurch wird der Sprecher selbst zu einem mythischen Titan emporgesteigert. Das heißt: Die Redefigur verwandelt sich in eine Rollenfigur - ein Moment, das in Puttenhams Übertragung des Terminus Hyperbel: "The Overreacher" schön zum Ausdruck kommt (vgl. das gleichnamige Marlowe-Buch von Harry Levin: London 1954).

(b) Goethe schreibt anläßlich der Vorbereitung seiner Werkausgabe von 1787 am 28. August: "Meine Sächelchen - denn sie kommen mir sehr im Diminutivum vor - muß ich wenigstens mit Sammlung und Freuden enden ...". Zu diesen "Sächelchen" gehören aber so bedeutende Werke wie die Dramen "Egmont", "Tasso" und "Faust I". Goethe gebraucht also eine Verkleinerung (Meiosis), welche die Funktion eines Bescheidenheitstopos hat.

5.7. <u>Metonymie</u> (metonymia, denominatio, transmutatio): Ersetzung des "eigentlichen" durch einen anderen Ausdruck, der zu ihm in einer realen Beziehung steht. "Reale Beziehung" heißt: kausaler, räumlicher, zeitlicher Zusammenhang. Nach Jakobson ist die Metonymie als Tropus der "Kontiguität" ein Darstellungsmittel des realistischen Autors, "der von der Handlung zum Hintergrund und von den Personen zur räumlichen und zeitlichen Darstellung" übergeht. K. Burke betrachtet die Metonymie als eine Strategie der "Reduktion", die Unsinnliches mit Hilfe von Sinnlichem interpretiere, Leech als eine Form der Ellipse, deren Vorzug die Prägnanz sei. Als eine Sonderform der Metonymie gilt allgemein die Synekdoche. Folgende metonymische Substitutionstypen lassen sich unterscheiden:

5.7.1. <u>Ursache statt Wirkung</u>

a) <u>Erfinder (Erzeuger) statt Erfindung (Erzeugnis)</u>

einen Ford, Opel, Peugeot (statt: einen Wagen von ...) kaufen, to buy a Hoover

b) Autor statt Werk

seinen Vergil, Shakespeare, Goethe auswendig kennen (statt: das Werk Vergils ...)

c) Gottheit statt Funktionsbereich

dem Bacchus (=Wein) und der Venus (=Liebe) huldigen, Neptun (= die See) befahren, Ceres (= corn) spoiled by the waters, living in Pluto's realm (= death's realm)

d) Rohstoff statt Fertigprodukt

Er stieß ihm das Eisen (= Messer) in den Leib. He had always been a great lover of gold (= money).

5.7.2. Raum statt Rauminhalt

a) Ort statt Bewohner

Ganz München steht kopf (statt: alle Bewohner von M. ...). Die Kurie hüllt sich in Schweigen. The Kremlin sent a new ambassador to London. Washington reduced her troops in Europe.

b) Gefäß statt Inhalt

ein Glas (statt: die im Glas befindliche Flüssigkeit) trinken, to swallow down the whole pot (i. e. the soup in the pot)

c) Körperteil statt Eigenschaft

Die Eigenschaft wird im jeweiligen Körperteil lokalisiert gedacht:
sich ein Herz (= Mut) fassen, Köpfchen (= Verstand) haben, to take to one's heels (= to the swiftness of ...)

5.7.3. Zeit statt der in der Zeit lebenden Personen

Das 16. Jahrhundert erlebte Englands Aufstieg zur Weltmacht. The Middle Ages assumed the existence of an 'analogia entis'.

5.7.4. Konkretum statt Abstraktum (und umgekehrt)

Er hielt das Szepter (= die Herrschaft) dreißig Jahre in seinen Händen. Er legte die Robe (= das Richteramt) nieder. All the pavement was dyed with massacre (= the blood of massacre). Gray-haired wisdom is not affected by sluggish cold, gloomy fear and pale death (i. e. gray-haired men of wisdom are not affected by cold that makes people sluggish ...).

Die hier angedeutete metonymische Typologie steht Zusätzen und Differenzierungen offen gegenüber. Erweitert werden muß sie z. B. um Kategorien, die (wie in 5.7.4. gezeigt) in der Umkehrung der in 5.7.1.-5.7.3. zugrundegelegten Relationen bestehen, also: Wirkung statt Ursache, Rauminhalt statt Raum, in der Zeit lebende Personen statt Zeit.

B 84 Bell, book, and candle shall not drive me back.
(Shakespeare, "King John", III. iii.)

"Bell, book, and candle" ist eine metonymische Periphrase für Exkommunikation, bei der diese drei Gegenstände eine symbolische Rolle spielten.

5.8. Metapher (metaphora, translatio): Ersetzung einer primären semantischen Texteinheit durch eine sekundäre, die zu jener in eine Abbild- oder Ähnlichkeitsrelation gesetzt wird. Dadurch unterscheidet sich die Metapher von anderen Tropen, deren Substitutionsmechanismus etwa nach den Gesichtspunkten von Kontiguität (Metonymie) oder Kontrast (Ironie) arbeitet. Signal des metaphorischen "Austausches" ist wie bei den anderen Tropen die semantisch abweichende Kollokation von Texteinheiten, welche häufig einen "konterdeterminierenden" Effekt (Weinrich) erzielt. Dabei sind folgende Gesichtspunkte relevant:

a) die semantische Herkunft des metaphorischen Substituens: Genetik der Metapher,

b) die Systematisierbarkeit der Substituendum-Substituens-Relation: Paradigmatik der Metapher,

c) die Abstufungen der semantischen Abweichung im metaphorischen Kontext: Kombinatorik der Metapher,

d) die syntaktische Stellung der Metapher: Grammatik der Metapher,

e) Leistung und Wirkung der Metapher: Funktionalität der Metapher.

Es versteht sich von selbst, daß sich diese Kriterien bei der Analyse einer konkreten Metapher nicht ohne weiteres isolieren lassen. Dennoch werden sie im folgenden getrennt behandelt, damit die durch sie vorgezeichneten Analysemethoden möglichst deutlich hervortreten.

5.8.1. Genetik der Metapher

Eine semantische Genetik der Metapher verfolgt das Ziel, die Substituentia auf ihre übergeordneten semantischen Herkunftsbereiche (= Wortfelder) zurückzuführen und ihre Stellung innerhalb derselben zu orten. Da nun die Wortfelder selbst das Dasein in bestimmter Weise interpretieren, so eröffnen sich damit Einblicke in die metaphorische "Anverwandlung" (Weisgerber/Ingendahl) und "Perspektivierung" (Burke) der Welt.

Nach dieser Methode ist

B 85	"der Stein des Anstoßes"	- eine mineralogische Metapher
	"the ship of my hopes"	- eine nautische Metapher
	"die weiße Unschuld"	- eine Farbmetapher
	"the angry eye of heaven"	- eine Körperteilmetapher
	"ihre blühenden Wangen"	- eine Naturmetapher
	"her eyes' stars"	- eine kosmologische Metapher

Das beschriebene Verfahren kann dadurch vertieft werden, daß die Metaphernfelder (Weinrich: Bildfelder) auf dem Hintergrund der Textgeschichte und der gesellschaftlichen Verhältnisse interpretiert werden. Voraussetzungen dafür sind eine historische Topik und eine Soziologie der Metapher.

5.8.2. Paradigmatik der Metapher

Eine vollständige Paradigmatik der Metapher registriert alle Arten der "kategorialen Vertauschung" (Friedrich). Manche Theoretiker lehnen allerdings eine Metapherndefinition auf der Grundlage des Substitutionsbegriffs strikt ab, da dieser Tropus ein "Einzigartiges" (Friedrich ,vgl. Ingendahl) darstelle, das ein Substituendum nie zur Gänze erklären, geschweige "ersetzen" könne. Eine solche irrationalistische Auffassung verkennt nicht nur die der Metapher eigentümliche Doppelperspektive, sondern auch den Erklärungswert, welchen die Substitutionshypothese besitzt (Leech). Dieser wurde schon von den antiken Theoretikern wahrgenommen, die mit Hilfe der Kategorien "belebt" und "unbelebt" ein Viererparadigma errichteten, das bis auf den heutigen Tag gelehrt wird (Pongs, Wellek/Warren). Als ein zweites geschlossenes Paradigma gesellt sich das synästhetische hinzu. Beide sollen anhand von Beispielen veranschaulicht werden.

a) Das Paradigma "belebt" und "unbelebt"

Es besteht aus vier Arten der Übertragung:

1. Vom Belebten zum Unbelebten

Dieser Metapherntyp ist unter den vier der bekannteste - ein hervorragendes Mittel der rhetorischen Energie. Er ist ein Produkt der "pathetic fallacy" (Ruskin, "Modern Painters", III. 4.), der mythischen Einbildungskraft, die das Ich in die tote Welt des Gegenständlichen hineinprojiziert (so Pongs, der den Ausdruck "Beseeltypus" dafür prägt). Die Namen der Metapher wechseln, je nachdem man das bewegende (kinetische M.), das belebende (animistische M.) oder vermenschlichende (anthropomorphe M.) Element betont.

B 86 Frightening the blood in its tunnel
The mowing machine ate at the field of grass.
(Ted Hughes, "Sunstroke")

Die Verse enthalten zwei anthropomorphe Metaphern, aber auch eine solche, die das Belebte als Unbelebtes darstellt ("the blood in its tunnel").

(b) Blaue Trauben
Trinken nachts den eisigen Schweiß,
Der von Elis' kristallener Stirne rinnt.
(Trakl, "Elis", 2)

Vermenschlichung der Trauben durch eine kinetische Metapher, Entmenschlichung der Stirn durch eine Preziosenmetapher ("kristallen").

2. Vom Unbelebten zum Belebten

Die entseelende (entmenschlichende) Metapher verwandelt alles Lebendige in tote Gegenstände (z. B. Artefakten). Pongs schreibt sie einer Einbildungskraft zu, welche sich in die dingliche Welt einfühlt und sich dabei selbst entäußert ("Erfühltypus"). Der Effekt kann magisch, dämonisch, grotesk, ironisch, komisch sein.

B 87 Augen, meine lieben Fensterlein, ...
(Keller, "Abendlied")

(b) The huge wound in my head began to heal
About the beginning of the seventh week.
Its valleys darkened, its villages became still:
(Thom Gunn, "The Wound")

(c) The machine sitting at that desk was no longer a man;
it was a busy New York broker.
(O' Henry)

3. Vom Belebten zum Belebten

B 88 Nicht lange durstest du noch,
verbranntes Herz!
(Nietzsche, "Die Sonne sinkt")

(b) I saw the spiders marching through the air,
Swimming from tree to tree that mildewed day ...
(Robert Lowell, "Mr Edwards and the Spider")

4. Vom Unbelebten zum Unbelebten

B 89 Die kristallenen Weiden des Rehs.
(Trakl, "Gesang der Abgeschiedenen")

(b) The sea-clear sapphire of air...
(Pound, "Phanopoeia", III)

b) Das synästhetische (intersensorische) Paradigma

Die Substitution der Wahrnehmungsbereiche der einzelnen Sinnesorgane führt zur synästhetischen Metapher. Sie kann Ausdruck einer angeborenen Fähigkeit zur Doppelempfindung sein (z. B. Töne-Sehen, Farben-Hören). In der Literatur hat sie die Funktionen der paradoxen Erweiterung des Textes und der Versinnlichung (evidentia) des Gegenständlichen; doch kommt sie in abgeblaßter Form auch in der Alltagssprache vor (z. B. warme Farben, schreiendes Rot, helle und dunkle Töne). Nicht alle Möglichkeiten solcher Korrespondenzen (vgl. Baudelaires Gedicht "Correspondences"), die im Barock, in der Romantik und im Symbolismus häufig waren (Ullmann), sollen hier aufgeführt werden, sondern nur einige wesentliche. Es handelt sich um Vertauschungen in den Bereichen

1. visuell - akustisch

Till ev' n his beams sing, and my music shine.
(Herbert, "Christmas")

2. visuell - taktil

Und bleich und plötzlich küßt ein strahl dein haar
(George, "Ein knabe der mir von herbst und abend sang")

3. visuell - olfaktorisch

Mit silbergrauem Dufte war das Tal
Der Dämmerung erfüllt.
(Hugo von Hofmannsthal, "Erlebnis")

4. akustisch - taktil

And to the dead thing he made confession. Into the shells of its ears he poured the harsh wine of his tale.
(Wilde, "The Fisherman and his Soul")

5. akustisch - olfaktorisch

A loud perfume, which at my entrance cried
Even at thy father' s nose.
(Donne, 4th Elegy: "The Perfume")

6. akustisch - geschmacklich

If music be the food of love, play on;
Give me excess of it, that, surfeiting,
The appetite may sicken, and so die.
(Shakespeare, "Twelfth Night", I. i. 1)

5.8.3. Kombinatorik der Metapher

Im vorangehenden Abschnitt wurde die Metapher in vertikaler Sicht betrachtet; vertikal heißt hier, daß eine lexikalische Texteinheit durch selektive Substitutionsoperationen jeweils verändert wird. Geht es hier also um einen Austausch von Texteinheiten, so auf der horizontalen oder Textebene um ihre Kombinatorik. Jede Metapher besteht dann aus zwei Elementen: Text und Textabweichung ("deviation"). Es handelt sich um eine bereichsfremde, daher gestörte Sinnkoppelung, die durch einen inhaltlichen "Sprung" (Lausberg), eine "semantische Lücke" (Bateson), "eine Verletzung des vorhersagbaren Musters" (Leech) signalisiert wird. Die Abweichung von Text und metaphorischem Substituens - oder in anderen Termini: von "Bildempfänger" und "Bildspender" (Weinrich) oder Tenor ("tenor") und Vehikel ("vehicle") (Richards) - kann verschiedenartig interpretiert werden. Im folgenden sind die Perspektiven der ontischen und der logischen Differenz behandelt.

a) Die ontische Differenz: Ihre Grundlage ist die "arbor Porphyriana", jener von dem neuplatonischen Philosophen Porphyrius aufgestellte Baum, der eine hierarchische Gliederung alles Seienden vorsieht. Die Spitze dieser Hierarchie bildet Gott, ihre Basis die unbelebte Materie. Werden nun zwei nebeneinanderliegende Seinsbereiche in einer Metapher zusammengeschlossen, so spricht man von Nahmetapher (Weinrich). Liegen sie hingegen weit auseinander, so gebraucht man die Termini Fernmetapher, "Bildmontage", "Entlegenheitsmetapher" (Windfuhr). Die Fernmetapher gilt als der Typ der "kühnen Metapher" (Quintilian), deren Wagnis durch Vorsichtsformeln wie "ut ita dicam", "gleichsam", "as it were" gemildert wird. In besonderer Weise hat sie Anteil an der esoterischen Kombinationskunst des "concetto" (conceit, metaphysical wit, acutezza, Scharfsinn) in manieristischen Texten (Curtius, Hocke, Ruthven, Windfuhr).

Einen Sonderfall stellt die komplexe Metapher ("compound metaphor") dar, welche im Überlappen von zwei oder mehreren Einzelmetaphern besteht. Die Abweichung ist hier wegen der potenzierten Substitution eine mehrfache. Leech illustriert die komplexe Metapher anhand folgenden Beispiels:

B 90 Time writes no wrinkle on thine azure brow.
(Byron, "Childe Harold's Pilgrimage", IV)

Analyse:

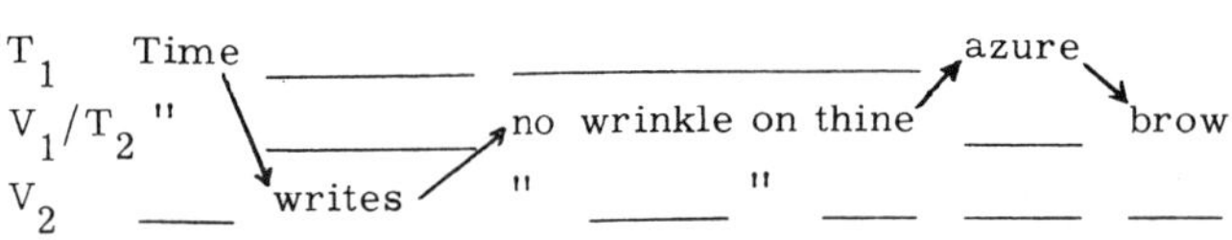

Der Kontext der Verszeile ist eine Anrede an den Ozean. Die "Ozeanebene" ist also die "Ebene des eigentlichen Sprechens" (Literalebene). Dadurch, daß der Ozean durch eine Körperteilmetapher verlebendigt ist, wird eine "Ebene des uneigentlichen Sprechens" (Übertragungsebene) hergestellt. Die der Zeit zugeschriebene Tätigkeit des Beschriftens der Stirn repräsentiert nun eine weitere anthropomorphisierende Metapher, welcher ihrerseits die Körperteilmetapher als Literalebene dient. Die Körperteilmetapher steht demnach in der Doppelfunktion von Substituens und Substituendum, anders gesprochen: von Vehikel und Tenor. Als Vehikel (V_1) ersetzt sie den Tenor (T_1) "Ozean" (statt "brow" etwa "surface", statt "no wrinkle of thine" etwa "no indentation to appear on the sea's"). Als Tenor (T_2 = Substituendum) bildet sie die Ausgangsebene für die Schreibmetapher (V_2), die etwa die Texteinheit "causes to appear" in T_2 ersetzt. Das vorliegende Beispiel hat folgendes gezeigt: In einer komplexen Metapher sind mehrere Sinnbereiche gekoppelt. Ihre strukturelle Analyse erfordert die Hypostasierung verschiedener metaphorischer Substitutionsebenen, die aufeinander aufstocken. So wird durch ein im Grunde paradigmatisches Verfahren die metaphorische Kombinatorik auf der Textebene unter dem Aspekt der "ontischen Differenz" sichtbar gemacht.

b) Die logische Differenz: In ihrem Lichte erscheint die Metapher als das Produkt einer "widersprüchlichen Prädikation" (Weinrich) oder - wie die normative Rhetorik es formulierte - einer "einträchtigen Zwietracht" (discordia concors). Die Kategorien, die zur Feststellung dieser Differenz dienen, heißen traditionell Ähnlichkeit (simile), Unähnlichkeit (dissimile), Gegensatz (contrarium). Je widersprüchlicher die Bestandteile der Metapher sind, desto kühner ist in dieser Perspektive ihre Kombinatorik (concetto).

B 91 Schwarze Milch der Frühe . . .
(Celan, "Todesfuge")

Prototyp eines logischen Concetto: Oxymoron.

(b) Yet it (sc. the mind) creates, transcending these
Far other worlds, and other seas;
Annihilating all that's made
To a green thought in a green shade.
(Marvell, "The Garden", VI, 45)

Prototyp eines ontologischen Concetto: Materialität und Spiritualität sind in "green thought" "kurzgeschlossen".

5.8.4. Grammatik der Metapher

Eine "Grammatik der Metapher" muß die unterschiedlichen syntaktischen Funktionen der einzelnen Wortklassen (Nomen, Verb, Adjektiv, Adverb) beschreiben. Christine Brooke-Rose entwickelt z. B. für die Nominalmetapher ein Gliederungsschema von fünf Haupttypen, das im folgenden kurz vorgeführt werden soll.

a) Die einfache Ersetzung (simple replacement)

Der eigentliche Ausdruck (proper term) wird gänzlich durch die Metapher ersetzt. Ihre Aufschlüsselung setzt beim Rezipienten eine Kenntnis des weiteren (sprachlichen oder situativen) Kontextes voraus. Als Metaphernsignale wirken in diesem Zusammenhang der unbestimmte und der bestimmte Artikel, das Interrogativ-, Possessiv- und Demonstrativpronomen oder das qualifizierende Adjektiv.

B 92 Stop playing, poet! May a brother speak?
(Robert Browning, "Transcendentalism")

Metaphernsignal: unbestimmter Artikel; Substitution: "a brother" = "a brother-poet".

(b) These strong Egyptian fetters I must break,
Or lose myself in dotage.
(Shakespeare, "Antony and Cleopatra", I. ii.)

Metaphernsignal: Demonstrativpronomen; das Substituendum ist situativ zu erschließen: etwa "my slavish affection for the Egyptian Queen" (= Cleopatra).

b) Die Verweisungsformel (pointing formula)

Der eigentliche Ausdruck A wird erwähnt und im Folgetext durch die Metapher B ersetzt, wobei die textliche Kohärenz durch einen auf A zurückweisenden (referentiellen) Ausdruck hergestellt wird. Die Referenzfunktion übernehmen unterschiedliche Stilmittel: Demonstrativpronomen, Apposition, Vokativ, Isokolon, syllogistische Formen. Die Kategorien der Verweisung (= deiktische Kategorien) sind über das metaphorische Paradigma hinaus von höchster Bedeutung für die Konstitution eines Zusammenhangs im Text.

Formel: A —— ref + B (ref = referentielle Funktion)

B 93 A woman drew her long black hair out tight
And fiddled whisper music on those strings.
(Eliot, "The Waste Land", 377)

A: long black hair, ref: those, B: strings

(b) Mother of being in me, heart.
(Hopkins, "The Wreck of the Deutschland", Str. 18)

A: heart, ref: Apposition, B: mother of being

c) Die Ist - Prädikation (copula)

Die Ist-Prädikation kann auch als Typ der definitorischen Metapher (siehe Definitio) gelten. Als direkte Feststellung, daß A gleich B ist, eignet sie sich gut für paradoxe Identifikationen. Die Kühnheit dieser Metaphernform wird durch Verben wie "scheinen", "bedeuten", "genannt werden" (to seem, to signify, to be called) gemildert.

Formel: A = B

B 94 ... our fingers seem
But slender needles of bone.
(Yeats, "The Crazed Moon")

A = fingers, B = slender needles, Vorsichts-Copula: "seem"

(b) Was sind wir Menschen doch! Ein Wohnhaus grimmer Schmerzen,
Ein Ball des falschen Glücks, ein Irrlicht dieser Zeit ...
(Gryphius, "Menschliches Elende")

A = Menschen, B = Wohnhaus grimmer Schmerzen, Ball des falschen Glücks, Irrlicht dieser Zeit, Copula: sind. Die definitorische Metapher erfüllt hier einen didaktischen Zweck. An ihrer syntaktischen Form wirken die Figuren Interrogatio und Accumulatio mit.

d) Die Verbindung mit "machen" (to make)

A ist Ursache, C Folge in einem metaphorischen Wirkungszusammenhang, der den Gegenstand B verändert. Dieser Typ verdeutlicht daher in ausgezeichneter Weise die metaphorische Konstitution eines Ausschnitts der Wirklichkeit. An die Stelle von "machen" können auch andere kausative Verben treten.

Formel: A macht B zu C

B 95 Apollo's upward fire
Made every eastern cloud a silvery pyre.
(Keats, "Endymion", I. 95)

A: Apollo's upward fire, B: eastern cloud, C: silvery pyre

e) Die Genitiv-Verbindung (genitive-link)

Unter dieser Bezeichnung wird nicht nur die eigentliche "Genitiv-Metapher" verstanden, sondern alle grammatikalischen Nominalformen "chiefly used to denote that the person or thing signified by the word is related to another as source, possessor or the like" (Brooke-Rose 146), das heißt also: Komposita, Possessivpronomina, Verben des

Herstellens, Gebens, Besitzens u. a. m.. Abgesehen von diesen "tiefenstrukturellen" Repräsentanten des Genitivs werden zwei Typen vorgestellt, mit welchen sich üblicherweise der Terminus Genitiv-Metapher verbindet.

1. Die zweigliedrige Formel (two-term formula):

"das B von C", wobei einmal B mit C identisch, zum anderen B ein Bestandteil von C sein kann.

B 96 Identität von B und C: explikativer Genitiv
das Feuer der Liebe, the sun of death

(b) B Bestandteil von C: partitiver, possessiver, qualitativer Genitiv (Nähe zur Synekdoche bzw. Metonymie)
der Mantel des Todes, the eye of reason

2. Die dreigliedrige Formel (three-term formula):

"B von C = A", wobei A = nomen proprium. A kann erwähnt oder unerwähnt sein.

B 97 A = unerwähnt (d. h. zu substituieren):
die Herberge meines Herzens (A = Körper)
my heart's wound (A = love)

(b) A = erwähnt (d. h. substituiert)
Sie ist die Quelle der Gnade. (A = sie)
There is the empty chapel, only the wind's home (Eliot).
(A = the empty chapel)

Nach den beiden Formeln werden auch die anderen Typen der metaphorischen Genitiv-Verbindung unterteilt.

Obgleich Brooke-Roses "Grammatik der Metapher" manche linguistische Unvollkommenheit aufweist, so bietet sie doch einen Katalog grammatischer Strukturformeln, welcher ein notwendiges Ingrediens einer "Rhetorik der Metapher" darstellt (vgl. auch H. Meier).

5.8.5. Funktionalität der Metapher

Welche Funktion eine Metapher im Text erfüllt, läßt sich am ehesten an ihrer Wirkung ablesen. Diese Wirkung fällt recht unterschiedlich aus: Metaphern können erhellen/verdunkeln, erfreuen/verdrießen, verblüffen/langweilen; sie erscheinen glaubhaft/unglaubhaft, präzis/verschwommen, lächerlich/erschütternd. Alle drei Wirkungskategorien sind vertreten: 1) das docere (teach), übersetzbar in die Frage: Gibt es eine Erkenntnisleistung der Metapher?, 2) das delectare (delight), übersetzbar in die Frage: Ist die alleinige Wirkung der Metapher die ästhetische, resultierend aus dem Schmuck (ornatus), den sie dem Text verleiht?, 3) das movere (move), übersetzbar in die Frage: Kann eine Metapher die Emotionen aufwühlen? Alle diese Fragen sind von den Theoretikern diskutiert und mit wechselnden Argumenten bejaht oder verneint worden. Kriterien dafür sind die Geläufigkeit, die Motivation und die Angemessenheit der Metapher.

a) Die Geläufigkeit der Metapher

Metaphern haben ihre Geschichte; es gibt eine metaphorische Topik (vgl. Blumenberg). Neue Metaphern fallen auf; abgegriffene bemerkt man nicht mehr. Je nach dem Grad ihrer Habitualisierung unterscheidet man folgende Typen:

1. Die lexikalisierte Metapher (tote, verblaßte Metapher, Ex-Metapher): Sie bildet eine feste "lexikalische Solidarität" (Coseriu), die im Wörterbuch rubrizierbar ist. Manche "notwendige Metapher" gehört hierher; sie hat im Lauf der Zeit ihre Erkenntnis-, Bild- und Gefühlsenergie verbraucht.

B 98 der Redefluß, in the course of events

2. Die formelhafte Metapher: Besonders in epischer Dichtung gefrieren Metaphern zu Formeln, z. B. bei Homer ("die rosenfingrige Eos") und in altgermanischer Dichtung, wo das H e i t i (eingliedrige Metapher: "Renner" statt "Roß") und die K e n n i n g (u. a. mehrgliedrige Metapher: Odins Habichte = Raben, Meereshengst = Schiff) stereotype Tropen darstellen. Sie bilden die ornativen Ruhepunkte im Textfluß.

3. Die kühne Metapher: Sie zeichnet sich durch besondere Neuartigkeit in der Zusammensetzung ihrer Glieder aus. Ihre beabsichtigte Wirkung kann sowohl der überraschende Erkenntnisaufschluß als auch der überwältigende Eindruck (stupore) auf den Rezipienten sein.

b) Die Motivation der Metapher

Metaphern haben ihre Existenzberechtigung; diese ist jedoch unterschiedlich begründet. An den Eckpunkten der Motivationsskala stehen die "notwendige" und die "überflüssige Metapher"; dazwischen liegt eine lange Reihe von Motivationsvarianten. Nur einige seien hier genannt (vgl. Windfuhr).

1. Die notwendige Metapher: Katachrese (abusio).
Sie entsteht aus Mangel an einer direkten Bezeichnung und schließt somit eine sprachliche Lücke. Ihr Gebrauchswert ist nach einiger Zeit häufig der einer toten Metapher.

B 99 Tischbein; Raumschiff; at the foot of the mountain

2. Die überflüssige Metapher: Sie ist funktionslos und zeugt von einem Mangel an Kunst. Allerdings dürfte schwer zu entscheiden sein, auf welchen Einzelfall dieses Urteil zutrifft.

3. Die Brevitas - Metapher: Sie kürzt einen ausgedehnten, komplexen Sachverhalt ab (vgl. die Definition: Die Metapher ist ein verkürzter Vergleich.). Sie kann dann wegen ihrer Präzision einen hohen Erkenntniswert, wegen ihrer Dunkelheit aber auch eine große Suggestivkraft besitzen.

4. Die Amplificatio - Metapher: Sie erweitert ein konzises Thema - meist in der Form der Allegorie. Sie dient u. a. der Evidenz und der ästhetischen Wirkung.

5. Die dekorative Metapher: Sie verziert ein schmuckloses Thema, damit eine ästhetische Wirkung erzielt wird. Sie gilt als Charakteristikum des Poetischen.

c) Die Angemessenheit der Metapher

Die Kriterien der metaphorischen Angemessenheit sind nicht ein für alle Zeiten festlegbar; sie wechseln von Generation zu Generation. Was gestern verblüffte, erschütterte, verstimmte, gilt heute u. U. als normal, wirkt lächerlich, gilt als ästhetisch. Die Rezeptionsgeschichte concettistischer, pathetischer und obszöner Texte liefert dazu aufschlußreiche Belege in Fülle. Die negativen Reaktionen des Hörer-Lesers sind auf ein angenommenes "inaptum" zwischen Gegenstand und Metapher zurückzuführen. Das "inaptum" ist jedesmal durch ein Zuviel oder Zuwenig verursacht. Auf der Grundlage dieser Argumentationsbasis hat man häufig dunkle, kühne, groteske, pathetische, schwülstige und vermischte Metaphorik abgelehnt. Wer aber (wie die Manieristen) das Unangemessene zum Angemessenen deklariert, wird diese Metaphorik billigen. Gerade diese Tatsache läßt eine Hermeneutik der Metapher als ein vordringliches Desiderat erscheinen.

B 100 Dunkle Metapher: Herausforderer der Schatten = Leuchtkäfer (G. Lubrano)

(b) Kühne Metapher: red pavillion = heart (F. Thompson), Hyperbel der Augen = Brille (G. Lubrano)

(c) Groteske Metapher: qwitten = geel stumpfe Kaldaunenzerreisser = Zähne (W. Scherffer)

(d) Pathetische Metapher: Donnerkeil der Schmerzen, schwarze Nacht des Zagens (Gryphius); Macbeth does murder sleep. (Shakespeare, "Macbeth", II. ii.)

(e) Schwülstige Metapher: aufgeblähte Brust der Erden = Berg (J. S. Wahl); sister springs, parents of silver-forded rills, thawing crystal, snowy hills = eyes (Crashaw, "The Weeper")

(f) Vermischte Metapher (mixed metaphor), auch Katachrese und Bildermengung genannt:
Der Zahn der Zeit, der schon so manche Träne getrocknet hat, wird auch über diese Wunde Gras wachsen lassen (Wilpert).

The hand that rocked the cradle has kicked the bucket (Leech).

Hier werden tote Metaphern wieder zum Leben erweckt, indem sie in unangemessener Weise miteinander kombiniert werden. Der Effekt ist komisch-lächerlich.

5.9. Allegorie (allegoria: urspr. "Anders-sagen", inversio): Ersetzung eines primären durch einen analogen sekundären Sinnzusammenhang. Von der Metapher unterscheidet die Allegorie das quantitative Moment der größeren Ausdehnung. Sie wird daher auch als "fortgesetzte Metapher"(Quintilian: continua metaphora) oder "textologische Metapher" bezeichnet. Die Allegorie ist in zwei Formen realisiert:

a) Sie kann in sich kohärent ("total") sein, d. h. kein Element der primären Sinnebene in der sekundären zulassen. Dies führt nicht selten zur Dunkelheit (obscuritas) der Allegorie, die sich somit dem Rätsel (aenigma) nähert. Dadurch, daß z. T. mehrere primäre Sinnebenen (Referenzebenen) substituiert werden können, eröffnet sich ein größerer Horizont inhaltlicher Bezugsmöglichkeiten als bei der zweiten Form. Allerdings wirkt dieser Dunkelheit und Vieldeutigkeit der Traditionszusammenhang der abendländischen Literatur entgegen, die sich auf einen festen Grundbestand allegorischer Topoi stützen kann (Benjamin, Honig, Lewis, MacQueen, Murrin).

b) Die Allegorie kann aber auch "gemischt" sein, d. h. durch Verweisungszeichen die primäre Sinnebene signalisieren. Die Verweisungszeichen legen die Bedeutung der Allegorie fest. Sie wirken der interpretatorischen "Offenheit" der ersten Form entgegen und zielen auf eine Eins-zu-eins-Korrespondenz von primärer und sekundärer Sinnebene ab. Diese wird allerdings selten erreicht, da die Ebene der Allegorie grundsätzlich redundant ist, d. h. einen Überschuß von nicht-tropisierten Details aufweist. Werden solche Details dominant, so tendiert der Text zum "Realismus" (vgl. Hough bei Lanham, s. v. allegory). Auf der anderen Seite können folgende Stilkategorien als Allegorie-Signale gelten: Metapher, Definition, Ambiguität, Anspielung (allusio).

B 101 I like to see it lap the miles
And lick the valleys up,

And stop to feed itself at tanks;
And then, prodigious, step ...
(E. Dickinson)

Das Gedicht hat bis zum Schluß die Gestalt eines allegorischen Rätsels (aenigma). Sein Gegenstand, der ungenannt bleibt, wird durch das Personalpronomen "it" sowie Periphrasen seiner Aktivität umschrieben. In der zitierten ersten Strophe stellt die Ambiguität von "tanks" ein Verweisungszeichen dar, das die Identifikation des "it" mit einer Lokomotive nahelegt.

(b) Auf einem Häuserblocke sitzt er breit.
Die Winde lagern schwarz um seine Stirn.
Er schaut voll Wut, wo fern in Einsamkeit
Die letzten Häuser in das Land verirrn. ...
(Heym, "Der Gott der Stadt")

Das Gedicht wäre rätselhafter, wenn nicht die Überschrift die primäre Sinnebene (d. h. Substituendum, Tenor) bekanntgäbe: "er" = der Gott der Stadt. Da die Überschrift jedoch selbst eine Metapher darstellt, wird eine weitere Sinnebene geschaffen, welche die Allegorie kompliziert. Während Beispiel (a) noch genaue Korrespondenzen zwischen den Sinnschichten aufweist, ist in (b) eher ihre Verschmelzung zu einer komplexen ("symbolischen") Einheit festzustellen. Die Disposition des Gedichts ist die von Thema ("Der Gott der Stadt") und amplifizierender Durchführung (Handlungsbeschreibung).

In den rhetorischen Abhandlungen tritt die Allegorie mangels eines anderen Terms häufig für weitere "textologische" Repräsentanten der Tropen (sog. Gedanken-, Satztropen) ein. So kommt es zu Gleichsetzungen von Allegorie mit Ironie (in ihren verschiedenen Spielarten) und Hyperbel, aber auch mit dem R ä t s e l (aenigma), einer dunklen Allegorie, und dem S p r i c h w o r t (paroimia, proverbium), einer deutlichen Allegorie.

In neuerer Zeit ist die Allegorie - zu unrecht - sehr in Mißkredit geraten; an ihre Stelle ist das S y m b o l getreten (vgl. Jauss). Nicht geringen Anteil an dieser Abwertung des Allegorischen trägt Goethe, dessen klassisch gewordenen Definitionen die Wesensmerkmale beider Darstellungsweisen folgendermaßen herausheben:

> Es ist ein großer Unterschied, ob der Dichter zum Allgemeinen das Besondere sucht, oder im Besonderen das Allgemeine schaut. Aus jener Art entsteht Allegorie,wo das Besondere nur als Beispiel, als Exempel des Allgemeinen gilt; die letztere aber ist eigentlich die Natur der Poesie; sie spricht ein Besonderes aus, ohne ans Allgemeine zu denken, oder darauf hinzuweisen.
> ("Maximen und Reflexionen", IV. Abt.)

Die Allegorie verwandelt die Erscheinung in einen Begriff, den Begriff in ein Bild, doch so, daß der Begriff im Bilde immer noch begrenzt und vollständig zu halten und zu haben und an demselben auszusprechen sei.
("Aphorismen")

C. S. Lewis, der zur Rehabilitierung der Allegorie entscheidend beigetragen hat, faßt den Unterschied so: "Symbolism is a mode of thought, but allegory is a mode of expression." Man kann auch sagen: Das Symbol ist ein philosophisch-theologisches, die Allegorie hingegen ein rhetorisches Phänomen.

B 102 Allegorische Dichtungen: Prudentius, "Psychomachia"; Martianus Capella, "De nuptiis Philologiae et Mercurii"; Guillaume de Lorris, "Roman de la Rose"; Geoffrey Chaucer, "The Parliament of Fowls"; "Everyman"; Minne- und Schachallegorien des Mittelalters (vgl. Wilpert, s. vv.); Spenser, "The Faerie Queene"; Bunyan, "The Pilgrim's Progress"; Hofmannsthal, "Jedermann", "Das große Welttheater"

5.9.1. EXKURS: Die Allegorese

Dichtungen sind nicht nur allegorisch konzipiert, sondern auch allegorisch interpretiert worden. Seit den frühesten Zeiten der Homerexegese hat man Texten einen allegorischen Sinn zu unterlegen versucht, der ursprünglich nicht intendiert war. Die Gründe dafür waren theologische, ethische, ästhetische "inapta", die für ein aufgeklärteres Zeitalter nicht mehr tragbar waren. Man erklärte sie also hinweg. Ein solches Auslegungsverfahren heißt Allegorese. Ihre reichste Entfaltung hat sie in der Bibelexegese erlebt, wo seit der Patristik neben einer primären (wörtlichen, literalen) drei sekundäre Sinnebenen unterschieden wurden. Dieses System des "vierfachen Schriftsinns" ist bis weit in die Neuzeit hinein für Theologie und Dichtung bedeutsam geblieben (Q: Garin; SL: Harris, Ohly). Die Funktionen der vier Bibelsinne - des literalen (historischen), des allegorischen (christologisch-ekklesiologischen), des moralischen (tropologischen) und des anagogischen (eschatologischen) - verdeutlicht am besten ein mittelalterlicher Merkspruch:

Littera gesta docet,	Der Buchstabe lehrt historische Fakten,
Quid credas allegoria,	die Allegorie, was man glauben,
Moralia, quid agas,	die Tropologie, was man tun,
Quo tendas, anagogia.	die Anagogie, wohin man streben soll.

Zur Erläuterung dienen die vielzitierten Beispiele "Jerusalem" und "Tempel".

B 103 Literalsinn (sensus literalis):
Jerusalem = die historische Hauptstadt des Judenvolkes
Tempel = der Tempel Salomos

(b) Allegorischer Sinn (sensus allegoricus):
Jerusalem = die Kirche Christi
Tempel = der Leib bzw. die Kirche Christi

(c) Moralischer Sinn (sensus moralis):
Jerusalem = die Seele des Menschen
Tempel = der einzelne Gläubige (Tempel des hl. Geistes)

(d) Anagogischer Sinn (sensus anagogicus):
Jerusalem = die himmlische Stadt Gottes
Tempel = die himmlischen Wohnungen der Seligen

Dieses System des vierfachen Schriftsinnes hat man auch auf nichttheologische Texte angewandt (Beispiel: Spensers "The Faerie Queene").

5.10. Ironie (illusio, irrisio, (dis)simulatio, antiphrasis): Ersetzung des eigentlichen durch den entgegengesetzten Ausdruck. Die Ironie ist daher die extreme Form der tropischen Substitution. "Man sagt darin gerade das Gegenteil dessen, was man denkt; doch so, daß der Leser aus dem Zusammenhang leicht begreift, was die wahre Meinung ist" (nach Gottsched). Es ist also das Widerspiel zweier konträrer Modalitäten, von denen eine zwar ungenannt, aber durch Signale auffindbar ist, welches die immanente Dialektik (K. Burke) dieses Tropus ausmacht. Diese Dialektik wird ausgetragen im verbalen, im teil-verbalen und im nicht-verbalen Bereich.

a) Die verbale Ironie: Widerspiel von Worten. Die Ironie wird durch ein sprachliches Signal angezeigt.

b) Die teil-verbale Ironie: Widerspiel von Wort und Nicht-Wort (Gegenstand, Handlung, Ton, Bild). Hervorzuheben ist der ironische Gegensatz von Rede und Redevortrag (Actio, Pronuntiatio). Die Ironie wird durch ein sprachliches oder (in der Umkehrung) nicht-sprachliches Signal angezeigt.

c) Die nicht-verbale Ironie: Widerspiel von nicht-sprachlichen Ausdruckselementen (Ton, Farbe, Gegenstände, Handlungen), und zwar sowohl in demselben Bereich als auch in verschiedenen Bereichen (z. B. Musik-Film). Das Ironie-Signal ist nicht-sprachlicher Art.

Von diesen drei Formen der Ironie soll vor allem die verbale behandelt werden, die als die eigentlich rhetorische bezeichnet werden darf. Sie kennt zwei Strategien: die des Vortäuschens ("so tun als ob") und die des Verbergens ("so tun als ob nicht").

5.10.1. Die Strategie des Vortäuschens: Simulatio

Wenn von Ironie die Rede ist, dann in der Regel von der verbalen Simulations-Ironie. Sie besteht in der vorgetäuschten Identifikation des Sprechers mit der Haltung eines Antipoden, der er selber sein kann (Selbstironie).

B 104 Die bist mir vielleicht ein schöner Freund.

(b) Ich bin mir selbst ein so guter Anwalt, daß mich meine Reden vor aller Welt ins Unrecht setzen.

Der Simulation eignet also der Charakter des Mimetisch-Schauspielerischen: Die Maske des Gegenüber dient dazu, die eigene Intention vorzutragen und durchzusetzen.

Die ironische Strategie des Vortäuschens ist in allen drei Redegattungen wirksam:

B 105 in der judizialen Gattung

(a) als Verteidigung durch Anklage:
Wenn Mildtätigkeit Verschwendung, Selbstlosigkeit Protzerei und Demut Arroganz ist, so ist der Beklagte allerdings in höchstem Maße schuldig.

(b) als Anklage durch Verteidigung:
Wahrlich, ein feiner Herr ist dieser Betrüger, der zudem das Gericht belogen hat!

B 106 in der deliberativen Gattung

(a) als Abraten durch Zuraten:
Swift empfiehlt in "A Modest Proposal", die Reichen sollten die Kinder der Armen verzehren, eine Aufforderung zum Kannibalentum, die an den irischen Verhältnissen seiner Zeit heftige Kritik übt.

(b) als Zuraten durch Abraten:
Der Antarktis-Forscher Shackleton gab in der "Times" folgende Kleinanzeige auf: "Männer gesucht für abenteuerliche Reise. Kleines Gehalt. Bittere Kälte. Lange Monate völliger Dunkelheit. Gesunde Rückkehr zweifelhaft. Ehre und Anerkennung bei Erfolg."

B 107 in der epideiktischen Gattung

(a) als Lob durch Tadel:
"Du bist mir vielleicht ein schöner Schwindler", tadelte sie ihn lächelnd.

(b) als Tadel durch Lob:
Beispiele dafür sind John Gays "The Beggar's Opera" und Fieldings "The Life of Jonathan Wild the Great", beides ironische Glorifizierungen von Kriminellen und zugleich Stilparodien, einmal der heroischen Oper (Händel) und zum anderen des heroisch-galanten Romans.

Jedesmal macht der Sprecher durch Adaption der Gegenspieler-Rolle die oppositionellen Argumente zunichte. Innerhalb der Rede gehört die Ironie daher in den Bereich der Widerlegung (refutatio). Ironische Literaturformen existieren in der Gestalt des paradoxen Enkomions (Erasmus, "Lob der Torheit"), der Satire und der Parodie (vgl. Wilpert, Shipley, s. v.). Wie aus den oben angeführten Beispielen hervorgeht, ist die Simulations-Ironie ein kompositer Tropus; d. h. sie ist mit anderen Stilkategorien (u. a. Periphrase, Sermocinatio, Permissio, Apostrophe, Exclamatio, Interrogatio) kombinierbar.

Je nach dem Grad der affektischen Wirksamkeit differenziert die Rhetorik folgende Typen der Ironie:

a) Asteïsmus: witzig-urbane Ironie (urbanitas), die auf eine unverbindlich-kultivierte Art unterhalten will.

B 108 Jemand, der Demosthenes um Rat fragte, wo er im Falle einer Wohnungsräumung sein Haupt bergen solle, erhielt von diesem zur Antwort: "In deiner Mütze."

b) Charientismus: charmante Ironie, die unter dem Deckmantel geheuchelten Wohlwollens Kritik übt.

B 109 Mein lieber Herr Kollege, da haben Sie uns aber eine schöne Bescherung eingebrockt.

c) Diasyrmus: höhnische Ironie, die den Gegner bloßstellt und der Lächerlichkeit preisgibt.

B 110 Thersites über den Trojanischen Krieg: "Die ganze Geschichte dreht sich um einen Hahnrei und eine Hure; ein hübscher Gegenstand, um Parteiung und Ehrgeiz aufzuhetzen und sich daran zu Tode zu bluten."
(Shakespeare, "Troilus und Cressida", II. iii.)

d) Mycterismus: verächtliche Ironie, die eine kaum verhohlene Aggressivität verrät; in der mündlichen Rede wird sie häufig durch die Mimik des Sprechers (Nasenschnauben, Verziehen der Mundwinkel) unterstrichen.

B 111 APEMANTUS. Kannst du nicht lesen?
PAGE. Nein.
APEMANTUS. So wird also an dem Tage, wo du gehängt wirst, keine große Gelehrsamkeit sterben.
(Shakespeare, "Timon von Athen", II. ii.)

e) S a r c a s m u s : bittere Ironie, die mit beißender Schärfe ins Fleisch schneidet.

B 112 HAMLET. Ihr spieltet einmal auf der Universität, Herr? ... Was stelltet ihr vor?
POLONIUS. Ich stellte den Julius Cäsar vor: ich ward auf dem Kapitol umgebracht; Brutus brachte mich um.
HAMLET. Es war brutal von ihm, ein so kapitales Kalb umzubringen.
(Shakespeare, "Hamlet", III. ii.)

Diese ironischen Tonlagen, deren Definition und Zahl im übrigen schwanken (Lausberg), bezeugen einmal mehr die hohe Funktionsdifferenzierung, welcher die traditionelle Schulrhetorik fähig war.

5.10.2. Die Strategie des Verbergens: Dissimulatio

Die Dissimulations-Ironie besteht im Verbergen der eigenen Haltung, so daß sich der Gegenspieler des Sprechers über dessen wahre Intentionen täuscht. Repräsentant dieser Art von Heuchelei ist der "Eiron" (der Ironiker): Aristoteles stellt ihn dem "Alazon" (dem Aufschneider, "Hyperboliker") gegenüber, während der "Philalethes" (der Wahrheitsliebende) die Mitte einnimmt. Der Eiron ist das Gestalt gewordene Understatement: ein Mann, der sich unwissend, unfähig, "unrhetorisch" stellt. Als Prototyp dieser Pose wird in der Regel Sokrates zitiert, der von sich selbst behauptete: "Ich weiß, daß ich nichts weiß." und doch allen seinen Gesprächspartnern überlegen war. Daher auch der Name "Sokratische Ironie". Typische Ausformungen dissimulierender Strategie sind der Topos der Selbstverkleinerung ("meine Wenigkeit"), der Euphemismus (= tabuisierende Ironie), die rhetorische Frage (Interrogatio), Litotes, Emphase, Concessio, Praeteritio, Aposiopese. Gemeinsam ist ihnen die Funktion des bagatellisierenden Verbergens von Faktoren, welche die eigentliche Wirkursache darstellen.

B 113 In der englischen Literatur wählt Geoffrey Chaucer häufig die Maske des "ingénu", der nichts von Leben und Liebe versteht und sich daher belehren lassen muß (z. B. in "The House of Fame", "The Parliament of Fowls", "The Legend of Good Women", "The Canterbury Tales"). Diese Form von Selbstironie, die durchaus rhetorisch ist, verlebendigt die Darstellung und trägt bei zu Chaucers vielberufenem "Realismus".

(b) I am no orator, as Brutus is;
But, as you know me all, a plain blunt man,
That love my friend;
. . .
For I have neither wit, nor words, nor worth,
Action, nor utterance, nor the power of speech,
To stir men's blood: I only speak right on.
(Shakespeare, "Julius Caesar", III. ii.)

Antonius spielt den Eiron, indem er sich jegliche Fähigkeit zum Bewegen ("to stir") seiner Zuhörer abspricht. Er nennt dabei einzelne Teile der Rhetorik: ELOCUTIO ("words"), ACTIO ("action") und PRONUNTIATIO ("utterance"), vielleicht auch INVENTIO ("wit"). In dem Ausdruck "worth" spricht er sich das "Ethos" ab, dessen ein Redner bedarf, um sich die Sympathie seines Publikums zu sichern. Dies alles sind einstudierte Topoi der Selbstverkleinerung, die in jedem Rhetorikhandbuch zu finden sind. Daß Antonius nicht der einfache, ehrliche Mann ist, als der er sich ausgibt, zeigen seine Handlungen vor und nach der Rede. Daß er sehr wohl der klassisch geschulte Redner ist, beweist die Rede selbst.

5.10.3. Ironie - Signale

Das zentrale Problem bei der Analyse von Ironie-Vorkommen sind Kriterien, welche das intuitiv Erspürte intersubjektiv greifbar machen. Dazu bedarf es einer Signal-Lehre, die auf die unterschiedlichen Grade ironischer Evidenz anzuwenden ist. Wir unterscheiden deren (nach Lausberg) zwei: Der Ironiker kann seine Maske verheimlichen, um desto sicherer zum Sieg zu gelangen: v e r d e c k t e Ironie. Oder er kann sie seinem Publikum (auch dem Gegner) demonstrativ zur Schau stellen: o f f e n e oder t h e a t r a l i s c h e Ironie. Erstere ist eher mit der Dissimulatio, letztere eher mit der Simulatio vergleichbar. Die verdeckte Ironie ist in der Regel signallos, weil sie sich aus handlungstaktischen Gründen nicht entlarven will. Anders die offene Ironie, deren Reiz gerade im Erkennen derselben besteht. Die Signale setzt der Kontext, sei er nicht-sprachlicher oder sprachlicher Art. Einige Signalarten seien hier kurz behandelt.

a) Das Actio-Signal: Der Vortragende widerspricht durch Gebärden, Mimik und Aussprache dem Sinngehalt seines Textes. Er verzieht z. B. bei der Phrase "unsere ehrenwerten Freunde" verächtlich den Mund (Mycterismus). Er äußert die Sentenz "Ehrlich währt am längsten." in einer spöttischen Intonation (Diasyrmus). Schließlich erreicht er durch übergroße Akzentuierung und Tondehnung ("Du bist mir ein schöner Freund.") die tadelnde Ironisierung seines Gegenübers. Ein letztes Mittel ist die schauspielerische Imitation (Mimesis) des Kontrahenten, dessen Intentionen auf diese Weise lächerlich gemacht werden.

b) Das Ethos-Signal: Die angenommene Rolle des Sprechers steht zu seiner wahren Einstellung in Kontrast; diese ist dem Publikum bekannt. Beispiele dieser Art können aus dem Leben oder der Literatur gewonnen werden. Aus dem Leben: Die Aussage "Die Diktatur ist die beste Staatsform." ist im Munde eines überzeugten Demokraten eine Ironie. Aus der Literatur: Jago, der vor Othello als der aufrichtige, hilfreiche Freund erscheint, offenbart sich dem Publikum als ein Ironiker, der im Monolog seinen eigentlichen Charakter enthüllt. Jeder Art von Rollenspiel haftet Ironie an.

c) Das Zitat-Signal: Gemeint ist die Einbettung von Texten oder Textstücken in einen neuen Kontext, der ihren ursprünglichen Sinngehalt ins Gegenteil verkehrt. Dem Publikum offenbart sich diese Ironie nur auf Grund der Vorkenntnis über den ursprünglichen Sinnzusammenhang des Zitats.

B 114 When lovely woman stoops to folly and
Paces about her room again, alone,
She smoothes her hair with automatic hand,
And puts a record on the gramophone.
(T. S. Eliot, "The Waste Land", 253-56)

Die erste Zeile (V. 253) ist ein Gedichtzitat aus Oliver Goldsmiths Roman "The Vicar of Wakefield" (1766), wo ein von ihrem Liebhaber verlassenes Mädchen ihren Tod herbeiwünscht: "The only art her guilt to cover, / ... is to die." Das Zitat soll bewirken, daß der Leser seinen ursprünglichen Kontext substitutiert und dann den ironischen Kontrast wahrnimmt. Die Ironisierung erfolgt in zwei Richtungen; sowohl die sentimentale Liebe des 18. Jhs. als auch die "automatische" des 20. Jhs. sind betroffen. Vgl. zur "Ironie des Zitats" die zahlreichen Belege bei Herman Meyer, "Das Zitat in der Erzählkunst". Stuttgart 1961.

Beides, Zitat und Kontext werden ironisiert, der Kontext durch das Nachklingen der Fortsetzung des Zitats, das Zitat durch seine kontextuelle Auslegung.

d) Das Signal des textlichen Widerspruchs: Dieser Widerspruch kann logisch, inhaltlich oder stilistisch fundiert sein:

B 115 logisch z. B. in solchen Kategorien wie Litotes ("nicht übel"), Emphase ("Das ist vielleicht ein (= kein) Leben!") und Hyperbel ("All animals are equal but some animals are more equal than others." in G. Orwells "Animal Farm").

B 116 inhaltlich z. B. in der extrem gegensätzlichen Situationsbeurteilung durch den Sprecher, wovon das bekannteste Beispiel die Diskrepanz von Lady Macbeths anfänglicher Meiosis: "A little water clears us of this deed." und späterer Hyperbel: "All the perfumes of Arabia will not sweeten this little hand." ist. Die Situation, auf die Bezug genommen wird, ist der Mord an König Duncan.

B 117 stilistisch z. B. im extremen Wechsel der Stilhöhe bzw. des Stilregisters.

5. 10. 4. Unrhetorische Ironiebegriffe

Bedeutende neuere Arbeiten existieren über Geschichte (Knox, Allemann, Strohschneider-Kohrs) und Systematik (Jancke, Thompson, Muecke) der Ironie. Die Geschichte dieses Begriffes lehrt, daß einmal seine relative Unschärfe, zum anderen seine philosophische Dimension (in der Sokratischen Ironie: vgl. Kierkegaards Dissertation) zu einer Ausweitung seines Anwendungshorizontes geführt hat. Davon zeugen Termini wie dramatische, tragische,romantische Ironie und Schicksalsironie, die z. T. Ausdruck einer ganzen Kunst- und Weltanschauung sind. New Criticism und werkimmanente Interpretationslehre haben im 20. Jahrhundert die verbalrhetorische Bedeutung der Ironie wiederentdeckt, doch sind ihre Definitionen häufig sehr allgemein (vgl. C. Brooks: Ironie = "the obvious warping of a statement by its context"). Einige Erklärungen der unrhetorischen Ironiebegriffe sollen folgen.

a) Dramatische Ironie: Aus der Diskrepanz zwischen unwissendem dramatischen Akteur und wissendem Publikum erwachsen, erscheint sie sowohl in der Komödie als auch in der Tragödie, wo sie auch tragische Ironie heißt. "Die Leitung des ironisch-grausamen Spieles wird in der tragischen Ironie ... an eine Macht abgetreten, als deren Spielball das tragische Dasein sich selbst erkennen muß in demselben Sinn, wie es sich hin und wieder als Opfer einer "Ironie des Schicksals" empfindet" (Allemann). Beispiele der dramatischen Ironie in der Komödie sind viele Figuren Shakespeares und Nestroys (z. B. Malvolio, Zangler und Weinberl). Als Repräsentanten tragischer Ironie dürfen Ödipus, Lear, Wallenstein und bis zu einem gewissen Grade auch Biedermann (Frisch) gelten. Die Ironie des Schicksals spielt außer im Schicksalsdrama (Zacharias Werner, "Der 23. Februar") auch im Roman (z. B. Thomas Hardys) eine gewichtige Rolle.

b) Romantische Ironie: "Friedrich Schlegel, Adam Müller und Solger deuten die Ironie als ein Prinzip des Selbst-Bewußtseins der künstlerischen Tätigkeit als solcher; sie erkennen in der Ironie ein für die Kunst hochbedeutsames philosophisches Vermögen, das Bedingung und Ermöglichung einer unendlich fortgehenden geistigen Bewegung ist; und sie weisen darauf hin, daß diese Ironie in besonderen Formen und Darstellungszügen des objektivierten Kunstwerks ihre Ausprägung finden kann" (Strohschneider-Kohrs). Repräsentanten dieser Ironie sind u. a. Tieck, Brentano, E. T. A. Hoffmann und H. Heine.

Übungen

Ü 54 Logic, n. The art of thinking and reasoning in strict accordance with the limitations and incapacities of the human misunderstanding.
Pleonasm, n. An army of words escorting a corporal of thought.
Religion, n. A daughter of Hope and Fear, explaining to Ignorance the nature of the Unknowable.

Ambrose Bierce, "The Devil's Dictionary".

Ü 55 Drüben floß ein Zug flink durch Wolluft und Felderglanz, stutzte kurvenscheu, pfiff erstaunt auf und verschwand Vorbehalte murmelnd in sich selbst.

Arno Schmidt, "Seelandschaft mit Pocahontas".

Ü 56 Soft music like a perfume, and sweet light
Golden with audible odours exquisite,
Swathe me with cerements for eternity.

Arthur Symons, "The Opium-Smoker".

Ü 57 Hier bin ich Mensch, hier darf ich's sein.

Goethe, "Faust" I.

Ü 58 At last the golden oriental gate
Of greatest heaven gan to open fair,
And Phoebus fresh, as bridegroom to his mate,
Came dancing forth, shaking his dewy hair:
And hurled his glistering beams through gloomy air.
Which when the wakeful elf perceiv'd,
He started up ...

Spenser, "The Faerie Queene", I. v. 2.

Ü 59 ES IST GEKOMMEN DIE ZEIT:

Die Hirnsichel, blank,
lungert am Himmel,
umstrolcht von Gallengestirn,

die Antimagneten, die Herrscher,
tönen.

Celan, "Fadensonnen".

Ü 60 Erläutern Sie das Auslegungssystem des vierfachen Schriftsinns anhand von Beispielen aus George Herberts "The Temple".

Ü 61 Come, thick night,
And pall thee in the dunnest smoke of hell,
That my keen knife see not the wound it makes,
Nor heaven peep through the blanket of the dark
To cry, "Hold, hold!"

Shakespeare, "Macbeth", I. v.

Ü 62 Lessing war der literarische Arminius, der unser Theater von jener (sc. französischen) Fremdherrschaft befreite.

Heine, "Die romantische Schule".

Ü 63 Grenzscheide

Heilig waren vordem die Tore, sie stehen bedeutend
Zwischen der wilden Natur, zwischen dem engen Vertrag.

Goethe, "Xenien".

Ü 64 Sol through white curtains shot a tim'rous ray,
And oped those eyes that must eclipse the day:
Now lap-dogs gave themselves the rousing shake,
And sleepless lovers, just at twelve awake:
Thrice rung the bell, the slipper knock'd the ground,
And the press'd watch return'd a silver sound.

Pope, "The Rape of the Lock", Canto I.

Ü 65 Molly had too much spirit to bear this treatment tamely. Having therefore - but hold, as we are diffident of our own abilities, let us here invite a superior power to our assistance.

Ye Muses then, whoever ye are, who love to sing battles, ... assist me on this great occasion. All things are not in the power of all.

Fielding, "Tom Jones", I. iv.

III. S T I L A R T E N

Stilart bedeutet eine elokutionelle Perspektive, die jeweils eine Klasse von Texten konstituiert. Solche Perspektiven entstehen auf Grund der Zuordnung von Stil und Wirkungsintention, Stil und Thema, Stil und Redesituation. Die Art dieser Zuordnung wird von dem Stilprinzip der Angemessenheit reguliert: Intention, Thematik und Situation der Rede erfordern den für sie jeweils "richtigen" Stil. Die Frage, was "angemessene Stilart" heiße, ferner: ob eine "unangemessene Stilart" literaturfähige Textformen begründen könne, bildet seit langem ein Streitobjekt der ästhetischen Kritik. Ein zweites Problem erhebt sich mit dem Wechsel der Stilart in einem zusammenhängenden Text, der eine Störung des "aptum" darstellt, welche man bisher als "Stilmischung" oder (negativ) als "Stilbruch" etikettiert hat. Ein dritter Komplex betrifft schließlich die Anzahl der Stilarten: Ist sie begrenzt oder unendlich? Moderne Klassifikationen (z. B. die in Individual-, National-, Epochen und Gattungsstil) führen nur antike Diskussionen fort (Curtius II). Die folgende Darstellung beschränkt sich auf zwei Stiltypologien: die aus der Antike stammende Drei-Stil-Lehre, die mit dem Begriff der Stilebene operiert, und die moderne Theorie der Stilregister, welche den situativen Gebrauch funktioneller Varianten in Augenschein nimmt. Damit werden die klassischen Genera Dicendi um eine notwendige Komponente erweitert.

Aus zwei Gründen bildet die Behandlung der Stilarten die abschließende Synthese dieses Buches: Einmal profiliert sich jede Stilart durch einen festen Kreis von S t i l k a t e g o r i e n , der ihr textologisches Konstitutiv darstellt. Zum anderen ist das Verhältnis von Stilarten und Stilkategorien in entscheidendem Maße von jenen S t i l - p r i n z i p i e n bestimmt, welche unsere Behandlung der ELOCUTIO einleiteten.

1. S t i l e b e n e n

Die normative Rhetorik unterscheidet von der Antike bis ins 18. Jahrhundert fast einhellig drei Stilebenen, die als hoch mittel und niedrig klassifiziert werden (Curtius II, Hendrickson, Quadlbauer, Arbusow, Trimpi, Adolph, Stone, Sengle). Sie werden von drei Seiten her begründet:

a) von der Wirkungsabsicht des Sprechers, die in der Effekttrias des Belehrens, Ergötzens und Bewegens kanonische Gestalt angenommen hat. Wird die Wirkungsabsicht zum absoluten Kriterium für die Wahl einer Stilart erhoben, so liegt ein intentionaler Stilbegriff vor.

b) von der Beschaffenheit des behandelten Stoffes, dessen unterschiedlicher Rang zur Ausbildung unterschiedlicher Textsorten geführt hat. Die Verabsolutierung dieses Kriteriums impliziert einen materiellen Stilbegriff.

c) von der Wahl der Stilkategorien und ihrer Ausdrucksfunktion. Ist dieser Gesichtspunkt allein maßgebend, so spricht man von einem elokutionellen Stilbegriff.

Ungeachtet ihres wechselnden Hervortretens stellen die drei Kriterien Aspekte jeder Stilebene dar. Als solche sollen sie im folgenden berücksichtigt werden.

1.1. Die niedrige Stilebene (genus humile/tenue; low style)

a) Wirkungsabsicht: docere (informieren, belehren, argumentieren, beweisen)

b) Textbereich: wissenschaftliche Fachliteratur, amtliche Dokumente, Rundfunknachrichten, Kommentar, Sachbuch, Tagebuch, Essay, Biographie, didaktisches Schrifttum, Satire, Roman, Komödie

c) Stilkategorien: keine Tropen; sparsamer Gebrauch von Figuren des Appells, der Amplifikation und der Wiederholung; Positionsfiguren.

Kennzeichen dieser Stilebene sind Schlichtheit (simplicitas), Durchsichtigkeit (perspicuitas), Präzision (vor allem in wissenschaftlichen und amtlichen Texten), Sprachrichtigkeit, der Gebrauch feststehender Wendungen zur Vermeidung von Unklarheit, auf der anderen Seite Verzicht auf jegliche ornamentale Ausschmückung und emotionale Einfärbung des Textes.

B 118 Caesars Schriften, die Briefe des jüngeren Plinius, Montaignes Essays, Samuel Pepys' "Diary", Goethes "Tagebuch der italienischen Reise", Windelbands Philosophiegeschichte, Kafkas "Der Prozeß", Shaws Dramen, "The Financial Times"

1.2. Die mittlere Stilebene (genus medium/mediocre/moderatum; middle style)

a) Wirkungsabsicht: delectare (erfreuen, gewinnen), 'l'art pour l'art', "Ethos"

b) Textbereich: epideiktische Redegattung, Lyrik (z. B. Sonett), Komödie, ekphrastische Darstellungen von Personen, Orten, Zeiten

c) Stilkategorien: reiche Verwendung von Schmuckmitteln: Tropen, Amplifikation, Positionsfiguren; kaum Appellkategorien.

Kennzeichen dieser Stilebene sind die geblümte Ausdrucksweise (Zierrhetorik), ästhetischer Exhibitionismus, Anmut der Darstellung, Indirektheit durch Tropisierung (bis zu manierierter Kryptik).

B 119 Sapphos Gedichte, Vergils "Georgica", Petrarcas Sonette, ShakespearesKomödien, Lylys "Euphues", die Dichtungen der Pegnitzschäfer, Rokokolyrik, französischer Symbolismus, Christopher Frys Dramen, Stefan Georges Gedichte

1.3. Die hohe Stilebene (genus sublime/grande/grave; high style)

a) Wirkungsabsicht: movere (bewegen, mitreißen, erschüttern), "Pathos"

b) Textbereich: Epos, Tragödie, pathetische Lyrik (Ode, Dithyrambus), affektische Reden aller drei Gattungen (politische Propaganda, Werbung)

c) Stilkategorien: optimale Realisierung aller Stilkategorien mit wechselnder Akzentuierung von Tropen (besonders Hyperbel, anthropomorphisierender Metapher, Allegorie) und Figuren (Amplifikation, Appell), von langen Perioden und kurzen, asyndetischen Kommata.

Kennzeichen dieser Stilebene ist der Ausdruck des Außergewöhnlichen, der sich in feierlicher Erhabenheit (gr. "hypsos") oder heftiger Leidenschaftlichkeit (gr. "deinotes") der Diktion manifestiert. Hypertrophie der pathetischen Stilmittel führt zum "asianischen" Bombast.

B 120 Pindars Oden, Vergils "Aeneis", Sophokles' "Antigone", Shakespeares"Hamlet", Goethes "Faust", Miltons "Paradise Lost", Klopstocks "Messias", Keats' Oden, Hölderlins Hymnen, Reden des Dritten Reichs, Peter Weiss' Marat-Stück

Die drei Stilebenen kommen nicht immer isoliert in einzelnen Texten vor (Stiltrennung), da sonst die Gefahr der ermüdenden Wirkung besteht; vielmehr wechseln sie nach dem Grundsatz der Variation einander ab (Stilmischung). Ein solcher Stilsprung bedeutet immer eine Verfremdung (inaptum) der Darstellung. Häufig ist der Effekt ironisch.

B 121 Ein Meister der Stilmischung ist Shakespeare in den als Kontrast- und Spiegelszenen fungierenden Nebenhandlungen seiner Stücke, wo die niedrige Stilebene sich scharf gegenüber der hohen der Haupthandlung abhebt (z. B. in der Pförtnerszene des "Macbeth", der Totengräberszene des "Hamlet"). Ihre Funktion ist der ironische Kontrast und (daraus resultierend) der "comic relief". Der klassische Goethe und der klassische Schiller stehen der Stilmischung zurückhaltend gegenüber (Schiller ersetzt die mit Obszönitäten gespickte Rede des Pförtners im "Macbeth" durch ein frommes Lied.). Die französischen Klassizisten verurteilen sie ganz und gar (vgl. Voltaires Verdikt über Shakespeare). Neuere Beispiele von Stilmischung und Stiltrennung gibt Sengle.

Welche Stilebene der Intention, dem Thema und dem Publikum angemessen ist, hat die normative Rhetorik dogmatisch festgelegt. Die Hierarchie derStilebenen korrespondiert einer affektischen, gegenständlichen und sozialen Hierarchie, so daß z. B. der hohe Stil dem leidenschaftlichen Pathos, dem erhabenen Thema (z. B. Königsmord) und der hochgestellten Person vorbehalten blieb. Sie wurde mehrfach in Frage gestellt, zuerst vom christlichen Rhetor, der in der Hl. Schrift erhabene Gegenstände in niedrigem Stil geschildert vorfand und seinem rhetorischen Dilemma nur durch die Hypostasierung eines Pathos der Schlichtheit (Auerbach) entkam, zuletzt in der Romantik, wo die Einebnung der thematischen und ständischen Aufgipfelung zum Zusammenbruch der klassischen Drei-Stil-Lehre und des sie konstituierenden Aptum führte (Stone, Abrams).

Flexibler als das relativ starre Schema der Stilebenen ist eine moderne linguistische Theorie, die das in der traditionellen Rhetorik (u. a. in der Brieflehre) schon vorgebildete Moment des situativen Aptum systematisiert. Gemeint ist die Theorie der Stilregister (registers), die, in der angelsächsischen Sprachwissenschaft entwickelt, das Spektrum rhetorischer Kategorien bereichern könnte.

2. Stilregister

Stilregister sind funktionelle Varianten des Sprachgebrauchs in bestimmten Kommunikationssituationen. Funktionelle Varianten heißt: Anpassung der Stilart an die Bedingungen des jeweiligen Redeaktes zum Ausdruck eines sozialen Rollenverhaltens der Partizipanten. Das Stilregister ist demnach nicht primär von dem sozio-ökonomischen Status des Sprechers/Hörers, sondern seinem situativen Sprachgebrauch bestimmt. Ein Beispiel: Arbeiter, Angestellter, Student und Minister können sich in gleicher Weise einer umgangssprachlichen oder einer feierlichen Diktion bedienen, wenn der gegebene Redeanlaß (z. B. ein gemeinsamer Ausflug, eine offizielle Amtshandlung) es erfordert. Obgleich z. B. die umgangssprachliche Tonart von Schicht zu Schicht um einiges abweicht, so ist doch ihre Funktion jedesmal die gleiche: das Herstellen einer "ungezwungenen Atmosphäre". Stilregister sind also analog dem kommunikativen Situationswechsel austauschbar.

M. Joos hat für die mündliche Rede ein System von fünf Stilregistern entwickelt; es ist mutatis mutandis auf Schrifttexte übertragbar, wenn man deren im allgemeinen formelleren Charakter berücksichtigt. Die Register heißen (mit englischen Beispielen von Marckwardt):

a) Frozen ("frostig"):

1. In my opinion he is not the man whom we want.
2. Darf ich mich höflich nach dem Wohlbefinden der gnädigen Frau erkundigen?

b) Formal ("förmlich"):

1. I believe he is not the man we are looking for.
2. Darf ich fragen, wie es Ihrer Gesundheit geht, Frau Meyer?

c) Consultative ("beratend"):

1. I don't believe he's the man we're looking for.
2. Was macht Ihre Gesundheit, Frau Meyer?

d) Casual ("ungezwungen"):

1. I don't think he's our man.
2. Wie geht's, Gisela?

e) Intimate ("vertraulich"):

1. 'Fraid you've picked a lemon.
2. Alles o. k., altes Haus?

Das frostige und das förmliche Register können als formell, das zwanglose und das intime als informell gelten; das beratende Register, meist durch die Umgangssprache (colloquial) bestimmt, hält die Mitte zwischen Distanz und Vertrautheit der Sprecher.

Die formellen Register kennzeichnen weitschweifige, komplexe Satzperioden; eine reiche, z. T. elaborate Diktion; Fehlen grammatikalischer Abweichungen (z. B. Anakoluth, Ellipse); hoher Informationsgehalt; semantische Kohäsion; artikulierte Aussprache.

Die informellen Register kennzeichnen Reduktion der Information; einfacher Wortschatz, z. T. Jargon und Slang; reduzierte Satzkonstruktionen und Wörter (Aphärese: 'fraid, geht's; Synkope: don't; Apokope: t'other); "phatische" Redewendungen (Come on! O. k.).

Das konsultative Register enthält sowohl "background information" als auch ein reaktives Eingehen auf die "feedback signals" der Gegenrede. Es kann auf Grund seiner Mittelstellung an den Merkmalen des formellen und des informellen Registers teilhaben.

Ein Text kann durchlaufend im gleichen Register verfaßt sein, einen oder mehrere Registerwechsel enthalten oder ganz in ein anderes Register übersetzt (transponiert) werden.

B 122 Die Transposition von Registern wurde bereits anhand zweier Sätze demonstriert. Ein längeres Beispiel soll folgen.

a) Ursprünglicher Text:

Beware of political madmen! The Tories are desperate for a trick to win a General Election. Some think they have found it in the unhappy industrial situation. They are baying for the Gt (= Government) to act so that strikes are brought about and then spring an election in which they would attack trade unions. The cats are peeping out of the bags.
(Daily Herold)

b) Transponierter Text:

One should be circumspect in one's dealings with irresponsible politicians. The Conservatives urgently require a subterfuge to secure them victory in a General Election. Some consider that they have found it in the industrial malaise. They are insisting vociferously on Government action calculated to provoke industrial disputes and a subsequent surprise election in which they would castigate trade unions. Their evil intentions are becoming apparent.

(Transposition von William E. Stewart)

Beide Texte sind Varianten der deliberativen Redegattung. Beide amplifizieren durch Argumente das Thema der politischen Vorsicht, das jeweils im ersten Satz angeschlagen wird. Dies aber geschieht in zwei verschiedenen Stilregistern, einem informellen und einem formellen, beinahe frostigen. Das erste Register schafft schon durch die Apostrophe "Beware..." eine persönliche Kommunikationssituation; diese wird verstärkt durch emotionsgeladene Ausdrücke (desperate, trick) und Metaphern (madmen, unhappy situation, spring), die teils Colloquial teils Slang sind, ferner durch ein volkstümliches Sprichwort (proverbium). Das formelle Register ist sachlich-distanzierter durch das unpersönliche "one" anstelle des imperativischen "beware", durch das offiziellere "Conservatives" (statt "Tories"), durch den Verzicht auf das Sprichwort und durch einen elaboraten Wortschatz. Im informellen Register mischt sich der Schreiber unter die Menge seiner Leser und macht sich deren Sprache zu eigen, um desto besser agitieren zu können. Im formellen Register besteigt er das Katheder und gibt eine druckreife Analyse der parteipolitischen Situation.

B 123 Der Wechsel von Stilregistern ist identisch mit einem Rollenwechsel. Durch den Sprung von einem formellen in ein informelles Register (und umgekehrt) entsteht eine Situation der Verfremdung. Dies soll anhand eines Beispiels aus Brechts "Dreigroschenoper" (I. ii.) erläutert werden:

Anläßlich der Hochzeit von Mackie Messer und Polly Peacham trägt Münz-Matthias seine Festrede vor:

MATTHIAS. Gestatten Sie, Captn, daß wir Ihnen am schönsten Tag Ihres Lebens, in der Maienblüte Ihrer Laufbahn, wollte sagen, Wendepunkt, die herzlichsten und zugleich dringendsten Glückwünsche darbringen und so weiter. Ist ja ekelhaft, dieser gespreizte Ton. Also kurz und gut - schüttelt Mac die Hand: Kopf hoch, altes Haus!

Der Sprecher benutzt das bei epideiktischer Gelegenheit übliche formelle Register, das hier durch lange Periodik, schmückende Epitheta, Metaphorik und eine gewisse Formelhaftigkeit (z. B. Topik des "schönsten Tages") geprägt ist. Dieses Register paßt nun ganz und gar nicht zu Matthias' Ethos und zu den Beziehungen zwischen ihm und Mac, so daß er kurzerhand in das vertrauliche Register hinüberspringt. Der Registerwechsel ist also zugleich ein Rollenwechsel. Er ironisiert sowohl den Räuber als auch die von ihm kopierte gutbürgerliche Gesellschaft.

Übungen

Ü 66 Analysieren Sie die Stilebene des folgenden Textes:

Der schönste Schmuck, der einem Toten gegeben werden kann, das blutrote Tuch mit dem schwarzen Kreuz auf weißem Grund, deckt sie und wird sie in die kühle Erde begleiten. Jeden Sarg umgibt ein grüner Kranz mit weißen Nelken, die sich leuchtend abheben von den mit schwarzen Stoffen bezogenen Wänden. ... In dem leicht flatternden Licht von Hunderten von Kerzen auf den Kandelabern strahlt durch das Dunkel das Kruzifix.

"Völkischer Beobachter" vom 19. 06. 1935

Ü 67 Analysieren Sie das folgende Exzerpt aus einem absurden Drama besonders im Hinblick auf den Registerwechsel:

MCCANN. Hey, Nat, just one thing. ...
GOLDBERG. What now?
MCCANN. This job - no, listen - this job, is it going to be like anything we've ever done before?
GOLDBERG. Tch, tch, tch.
MCCANN. No, just tell me that. Just that, and I won't ask any more.

GOLDBERG sighs, stands, goes behind the table, ponders, looks at MCCANN, and then speaks in a quiet, fluent, official tone.

GOLDBERG. The main issue is a singular issue and quite distinct from your previous work. Certain elements, however, might well approximate in points of procedure to some of your other activities. All is dependent on the attitude of our subject. At all events, McCann, I can assure you that the assignment will be carried out and the mission accomplished with no excessive aggravation to you or myself. Satisfied?
MCCANN. Sure. Thank you, Nat.

Harold Pinter, "The Birthday Party", I

D. RHETORISCHE HERMENEUTIK

Rhetorik ist nicht identisch mit einem starren Inventar von Formkategorien, deren Zahl und Definition für alle Zeiten abgesichert wären. Vielmehr ist sie ebenso veränderlich wie die Texte, die sie hervorbringt oder analysiert. Die Geschichte der Rhetorik macht deutlich, daß sie schon immer in einem bestimmten Verstehenshorizont angesiedelt war. Schon ein kurzer Blick in eine antike, eine mittelalterliche und eine moderne Rhetorik gibt darüber erhellende Aufschlüsse. Aufgabe dieses Buches konnte es nun, gemäß seiner einführenden Absicht, weder sein, einen vergangenen rhetorischen Horizont lückenlos zu reproduzieren noch einen völlig neuen zu entwerfen. Sondern es mußte ein Kompromiß gefunden werden, der den rhetorischen Konsens vergangener Jahrhunderte mit den Erkenntnissen unserer Zeit in Einklang bringt. Insofern nimmt die vorliegende Darstellung eine Mittelposition zwischen historisierender und "progressiver" Rhetorik ein.

Die zukünftige Tätigkeit des Rhetorikers wird von einem zweifachen hermeneutischen Interesse geleitet sein. Das eine richtet sich auf Vergangenes; sein Ziel ist die völlige Aufhellung von Gestalt, Umfang und Bedingungen rhetorischer Wirksamkeit in einem historischen Zeitabschnitt. Hier ist schon viel geleistet; mehr noch bleibt zu tun. Das zweite, bisher stagnierende Erkenntnisinteresse gilt der Einbringung moderner wissenschaftlicher Denkweisen in das überkommene rhetorische Gefüge. Die Folge davon ist das Entstehen neuer rhetorischer Systeme. Ansätze dazu finden sich in den Arbeiten zweier Theoretiker, die ein rhetorisches System auf semiotischer bzw. linguistischer Basis errichten wollen. Beider Ausführungen sollen hier, in Gestalt abschließender Übungen, zur Diskussion gestellt werden.

I. Rhetorik auf semiotischer Basis

Gui Bonsiepe unterscheidet, ausgehend von der semiotischen Differenzierung von Zeichengestalt und Zeichenbedeutung, syntaktische und semantische Dimensionen der rhetorischen Figuren.

1. Zu den s y n t a k t i s c h e n Figuren, die auf einer Operation mit der Zeichengestalt basieren, gehören die Unterklassen:

1\. a) Transpositive Figuren

Apposition, Atomisierung, Parenthese, Reversion

1\. b) Privative Figuren

Ellipse

1\. c) Repetitive Figuren

Alliteration, Isophonie (Gleichklang), Parallelismus, Wiederholung

2. Zu den s e m a n t i s c h e n Figuren, die auf einer Operation mit der Zeichenbedeutung (Relatum) basieren, gehören die Unterklassen:

2. a) Konträre Figuren

Antithese, Litotes, Oxymoron

2. b) Komparative Figuren

Klimax, Hyperbel, Metapher, Untertreibung (engl.: understatement)

2. c) Substitutive Figuren

Metonymie, Synekdoche

Das System wird vom Verfasser auf die Verbindung von Wort und Bild in Werbetexten angewandt.

II. Rhetorik auf linguistischer Basis

G. N. Leech versucht in seinem Aufsatz "Linguistics and the Figures of Rhetoric" eine Einteilung aller Stilkategorien in syntagmatische und paradigmatische. "Syntagmatisch" ist seine Bezeichnung für die Kombination sprachlicher Einheiten in der Textsequenz (horizontale Dimension). "Paradigmatisch" heißen jene Einheiten, die an irgendeinem Punkt der Textsequenz in ein System von möglichen Selektionen eintreten können (vertikale Dimension).

1. Die p a r a d i g m a t i s c h e Figur entsteht durch ein substitutionelles Verfahren: Eine abweichende Texteinheit wird an die Stelle der erwartbaren Auswahl von Einheiten gesetzt;

statt	a time		
	a year	ago	
	a minute		
heißt es z. B.	a grief	ago	(Dylan Thomas).

Das Ergebnis ist ein Tropus. Er bezeichnet "a gap in the established code - a violation of the predictable pattern".

2. Die s y n t a g m a t i s c h e Figur entsteht dadurch, daß an verschiedenen Punkten der Textsequenz die gleiche Selektion getroffen wird. Als Beispiel dient u. a. die Alliteration, die durch ein phonetisches Wiederholungsmuster charakterisiert ist. Leech zieht aus derartigen Überlegungen den Schluß: "The syntagmatic figure can be imagined as a pattern superimposed on the background of ordinary linguistic patterning." Sollte hier von Abweichung" die Rede sein, dann nur in dem Sinne von "Verdichtung", d. h. der vollständigen Ausschöpfung des Potentials

sprachlicher Regelmäßigkeiten. Sie findet auf allen sprachlichen Ebenen statt: der phonologischen, morphologischen, syntaktischen, textologischen und semantischen.

G. N. Leechs Theorie steht in enger Berührung mit den Forschungsergebnissen der russischen Formalisten und der Prager Schule, wo man das Problem der Poetizität durch Begriffe wie "Verfremdung", "Entautomatisierung der Sprachgewohnheiten", "stilistische Abweichung" und "Aktualisation" (foregrounding) zu lösen suchte. Für solche linguistischen Bemühungen, die in der Gegenwart fortgesetzt werden (Baumgärtner, Posner, Schmidt), gilt die Bemerkung Ewald Standops: "Eine sprachwissenschaftlich fundierte Stilistik wird ein Ordnungsschema erstellen müssen, das die schon in der Rhetorik berücksichtigten Grundkategorien benutzt und ausbaut."

Ein Vergleich der beiden hier angeführten ELOCUTIO - Modelle mit der in diesem Buch vorgeführten Systematik dürfte Möglichkeiten und Grenzen aller drei Ansätze zutage fördern. Er verdeutlicht gleichzeitig die Notwendigkeit einer ständigen Revision rhetorischer Theoriebildung.

E. BIBLIOGRAPHIE

Das folgende Verzeichnis enthält die Titel der im Text angezeigten Literatur zur Rhetorik, nicht aber die Quellen der Textbeispiele. Werke, die sich für das Weiterstudium eignen, sind durch * gekennzeichnet.

ABRAMS, M. H. *The Mirror and the Lamp: Romantic Theory and the Critical Tradition*. New York, ^{2}1971. - Dt.: *Spiegel und Lampe: Romantische Theorie und die Tradition der Kritik*. München, 1978.

ADOLPH, ROBERT. *The Rise of Modern Prose Style*. Cambridge, Mass., 1968.

ALLEMANN, BEDA. *Ironie und Dichtung*. Pfullingen, ^{2}1962.

ARBUSOW, LEONID. *Colores Rhetorici*. Ed. H. Peter. Göttingen, ^{2}1963.

ATKINS, J.W.H. *Literary Criticism in Antiquity*. 2 vol., London, ^{2}1952. (Atkins I).

- - -. *English Literary Criticism: The Medieval Phase*. London, 1943; repr. 1952. (Atkins II).

- - -. *English Literary Criticism: The Renascence*. London, 1947; repr. New York/ London, 1968. (Atkins III).

AUERBACH, ERICH. *Literatursprache und Publikum in der lateinischen Spätantike und im Mittelalter*. Bern, 1958.

BALDWIN, CHARLES S. *Medieval Rhetoric and Poetic (to 1440)*. New York, 1928; repr. Gloucester, Mass., 1959. (C.S. Baldwin I).

- - -. *Renaissance Literary Theory and Practice*. New York, 1939; repr. Gloucester, Mass., 1959. (C.S. Baldwin II).

BALDWIN, THOMAS W. *William Shakspere's "Small Latine & Lesse Greeke"*. 2 vol., Urbana, Ill., 1944.

BARILLI, RENATO. *Poetica e Retorica*. Mailand, 1969.

BARNER, WILFRIED. *Barockrhetorik: Untersuchungen zu ihren geschichtlichen Grundlagen*. Tübingen, 1970.

BARTEL, DIETRICH. *Handbuch der musikalischen Figurenlehre*. Laaber, 1985.

BAUMGÄRTNER, KLAUS. "Der methodische Stand einer linguistischen Poetik", *Jahrbuch für Internationale Germanistik* I/1 (1969), 15-43.

"Beiträge zur literarischen Rhetorik", *Der Deutschunterricht* 18/6 (1966).

BENJAMIN, WALTER. *Ursprung des deutschen Trauerspiels*. Rev. Ausgabe bes.. v. R. Tiedemann. Frankfurt, 1978.

BERG, WOLFGANG. *Uneigentliches Sprechen: Zur Pragmatik und Semantik von Metapher, Metonymie, Ironie, Litotes und rhetorischer Frage.* Tübinger Beiträge zur Linguistik, 102. Tübingen, 1978.

BLACK, EDWIN. *Rhetorical Criticism: A Study in Method.* New York/London, 1965.

BLENCH, JOHN W. *Preaching in England in the late Fifteenth and Sixteenth Centuries.* Oxford, 1964.

BLUM, HERWIG. *Die antike Mnemotechnik.* Spudasmata, 15. Hildesheim, 1969.

BLUMENBERG, HANS. *Paradigmen zu einer Metaphorologie.* Bonn, 1960.

BÖCKMANN, PAUL. *Formgeschichte der deutschen Dichtung.* Vol. I: *Von der Sinnbildsprache zur Ausdruckssprache.* Hamburg, [4]1973.

BONSIEPE, GUI. "Visuell/verbale Rhetorik", *Format* IV/5 (1968), 11-18.

BOOTH, WAYNE C. *A Rhetoric of Irony.* Chicago/London, [2]1975.

BORNSCHEUER, LOTHAR. *Topik: Zur Struktur der gesellschaftlichen Einbildungskraft.* Frankfurt, 1976.

BREUER, DIETER. *Einführung in die pragmatische Texttheorie.* München, 1974.

BRINKMANN, HENNIG. *Zu Wesen und Form mittelalterlicher Dichtung.* Halle, 1928; repr. Tübingen, 1979.

BROOKE-ROSE, CHRISTINE. *A Grammar of Metaphor.* London, [2]1970.

BROOKS, CLEANTH. *The Well-Wrought Urn.* Rev. ed. London, 1968.

- - -/WARREN, ROBERT PENN. *Modern Rhetoric.* New York, 1970.

BRÜGGEMANN, DIETHELM. *Vom Herzen direkt in die Feder: Die Deutschen in ihren Briefstellern.* München, 1968. (Brüggemann I).

- - -. "Gellert, der gute Geschmack und die üblen Briefsteller", *DVLG* 45 (1971), 47-149. (Brüggemann II).

BRYANT, DONALD C. (ed.). *Ancient Greek and Roman Rhetoricians: A Biographical Dictionary.* By. R.B. Smith and others. Columbia, Mo., 1968.

BUKOWSKI, HERMANN. *Der Schulaufsatz und die rhetorische Sprachschulung.* Kiel, Phil. Diss. 1956.

BURKE, KENNETH. *A Grammar of Motives.* Berkeley/Los Angeles, 1969. (Burke I).

- - -. *A Rhetoric of Motives.* Berkeley/Los Angeles, 1969. (Burke II).

- - -. *"Mein Kampf" und andere Essays zur Strategie der Überredung.* Frankfurt, 1967, pp. 7-34. (Burke III).

CAPLAN, HARRY. *Of Eloquence: Studies in Ancient and Mediaeval Rhetoric.* Ithaca, N.Y./London, 1970.

CHARLAND, THOMAS M. *Artes Praedicandi.* Paris/Ottawa, 1936.

CLARK, DONALD LEMEN. *Rhetoric in Greco-Roman Education.* New York, 1957; repr. Westport, Conn., 1977.

*CLARKE, MARTIN L. *Die Rhetorik bei den Römern.* Übers. K. Dockhorn. Göttingen, 1968.

CORBETT, EDWARD P.J. (ed.). *Rhetorical Analyses of Literary Works.* New York/London/Toronto, 1969.

CRANE, WILLIAM G. *Wit and Rhetoric in the Renaissance.* New York, 1937; repr. Gloucester, Mass., 1964.

CROLL, MORRIS W. *Style, Rhetoric, and Rhythm.* Ed. Max Patrick et al. Princeton, N.J., 1966.

CURTIUS, ERNST ROBERT. *Europäische Literatur und lateinisches Mittelalter.* Bern/München, ^{10}1984. (Curtius I).

- - -. "Die Lehre von den drei Stilen im Altertum und im Mittelalter", *RF* 64 (1952), 57-70. (Curtius II).

DIECKMANN, WALTHER. *Sprache in der Politik: Einführung in die Pragmatik und Semantik der politischen Sprache.* Heidelberg, 1969.

*DIXON, PETER. *Rhetoric.* The Critical Idiom, 19. London, 1971.

DOCKHORN, KLAUS. *Macht und Wirkung der Rhetorik.* Respublica Literaria, 2. Bad Homburg v.d.H., 1969.

DORAN, MADELEINE. *Endeavors of Art: A Study of Form in Elizabethan Drama.* Madison, Wis., 1964.

*DUBOIS, JACQUES et al. *Rhétorique Générale.* Paris, 1970. - Dt.: *Allgemeine Rhetorik.* München, 1974.

- - -. *Rhétorique de la poésie: Lecture linéare, lecture tabulaire.* Paris, 1977.

DYCK, JOACHIM. *Ticht-Kunst: Deutsche Barockpoetik und rhetorische Tradition.* Frankfurt, ^{3}1987. (Dyck I)

- - -. "Ornatus und Decorum im protestantischen Predigtstil des 17. Jahrhunderts", *ZfdA* 94 (1965), 225-236. (Dyck II).

EISENHUT, WERNER. *Einführung in die antike Rhetorik und ihre Geschichte.* Darmstadt, ^{3}1982.

ELERTSEN, HEINZ/HARTIG, WILLFRED. *Moderne Rhetorik: Rede und Gespräch im technischen Zeitalter.* Heidelberg, ^{8}1979.

EMPSON, WILLIAM. *Seven Types of Ambiguity*. London, 1984 (1930).

FARAL, EDMOND. *Les arts poétiques du XIIe et du XIIIe siècle*. Paris, 1923; repr. 1971.

FISCHER, LUDWIG. *Gebundene Rede: Dichtung und Rhetorik in der literarischen Theorie des Barock in Deutschland*. Studien zur deutschen Literatur, 10. Tübingen, 1968.

- - -. "Alte und neue Rhetorik", *Format* IV/5 (1968), 2-10.

FONTANIER, PIERRE. *Les figures du discours*. Ed. Gérard Genette. Paris, 1977.

FRIEDLÄNDER, PAUL. *Johannes von Gaza und Paulus Silentiarius: Kunstbeschreibungen Justinianischer Zeit*. Leipzig/Berlin, 1912.

FRIEDRICH, HUGO. *Epochen der italienischen Lyrik*. Frankfurt, 1964.

FUHRMANN, MANFRED. "*Obscuritas*: Das Problem der Dunkelheit in der rhetorischen und literarästhetischen Theorie der Antike", in: Wolfgang Iser (ed.), *Immanente Ästhetik: Ästhetische Reflexion*. Poetik und Hermeneutik, 2. München, 1966, pp. 47-72.

FUMAROLI, MARC. *L'Age de l'éloquence: Rhétorique et "res literaria" de la Renaissance au seuil de l'époque classique*. Genf, 1980.

GADAMER, HANS GEORG. "Rhetorik, Hermeneutik und Ideologiekritik", in: *Kleine Schriften I: Philosophie. Hermeneutik*. Tübingen, ^{2}1976, pp. 113-130.

GALPERIN, ILJA R. *Stylistics*. Moskau, ^{2}1977.

GARIN, EUGENIO. *Geschichte und Dokumente der abendländischen Pädagogik*. 3 vol., Reinbek, 1964, 1966, 1967.

GAUGER, HILDEGARD. *Die Kunst der politischen Rede in England*. Tübingen, 1952.

GEISSNER, HELLMUT. *Rede in der Öffentlichkeit: Eine Einführung in die Rhetorik*. Stuttgart, 1969.

*GENETTE, GÉRARD. *Figures I/II/III*. Paris, 1966, 1969, 1972.

GLUNZ, HANS H. *Die Literaturästhetik des europäischen Mittelalters*. Frankfurt, 1963.

GOTTSCHED, JOHANN CHRISTOPH. *Versuch einer Critischen Dichtkunst*. Photomechanischer Nachdruck der 4., vermehrten Auflage, Leipzig, 1751. Darmstadt, 1962.

GRAY, GILES WILKESON/BRADEN, WALDO W. *Public Speaking: Principles and Practice*. New York, ^{2}1963.

HAGE, WALTER. *Gewinne mit dem Wort: Mit Eignungstest und Lernprogramm*. Oldenburg/Hamburg, 1971.

HAGSTRUM, JEAN H. *The Sister Arts: The Tradition of Literary Pictorialism and English Poetry from Dryden to Gray*. Chicago, 1958; repr. 1974.

HALM, CAROLUS (ed.). *Rhetores Latini Minores*. Leipzig, 1863; repr. Dubuque, Ia., 1964.

HARRIS, VICTOR. "Allegory to Analogy in the Interpretation of the Scriptures", *Philological Quarterly* 45 (1966), 1-23.

HARWEG, ROLAND. *Pronomina und Textkonstitution*. München, ^{2}1979.

HAUG, WALTER (ed.). *Formen und Funktionen der Allegorie: Symposion Wolfenbüttel 1978*. Stuttgart, 1979.

HAUSMANN, FRANZ JOSEF. *Studien zu einer Linguistik des Wortspiels*. Tübingen, 1974.

HENDRICKSON, GEORGE L. "The Origin and Meaning of the Ancient Characters of Style", *AJP* 26 (1905), 249-290.

HERRMANN, HANS PETER. *Naturnachahmung und Einbildungskraft: Zur Entwicklung der deutschen Poetik von 1670 bis 1740*. Bad Homburg v.d.H., 1970.

HILDEBRANDT-GÜNTHER, RENATE. *Antike Rhetorik und deutsche literarische Theorie im 17. Jahrhundert*. Marburger Beiträge zur Germanistik, 13. Marburg, 1966.

HOCKE, GUSTAV RENÉ. *Manierismus in der Literatur: Sprach-Alchimie und esoterische Kombinationskunst*. Reinbek, ^{6}1978.

*HOMMEL, HILDEBRECHT. "Rhetorik", *Lexikon der alten Welt*. Zürich, 1965, col. 2611-2626.

HONIG, EDWIN. *Dark Conceit: The Making of Allegory*. New York, 1966.

HORNER, WINIFRED B. (ed.). *The Present State of Scholarship in Historical and Contemporary Rhetoric*. Columbia, Mo./London, 1983.

HOSKINS, JOHN. *Directions for Speech and Style*. Ed. Hoyt H. Hudson. Princeton Studies in English, 12. Princeton, N.J., 1935.

HOWELL, WILBUR SAMUEL. *Logic and Rhetoric in England, 1500-1700*. Princeton, N.J., 1956.

INGENDAHL, WERNER. *Der metaphorische Prozeß*. Sprache der Gegenwart, 11. Düsseldorf, 1971.

JAKOBSON, ROMAN. "Der Doppelcharakter der Sprache: Die Polarität zwischen Metaphorik und Metonymik", in: Jens Ihwe (ed.), *Literaturwissenschaft und Linguistik*. Vol. I. Frankfurt, 1971, pp. 323-333.

JANCKE, RUDOLF. *Das Wesen der Ironie: Strukturanalyse ihrer Erscheinungsformen*. Leipzig, 1929.

JAUSS, HANS ROBERT. "Form und Auffassung der Allegorie in der Tradition der Psychomachie", in: *Medium Aevum Vivum: Festschrift für Walther Bulst*. Ed. H.R. Jauss/D. Schaller. Heidelberg, 1960, pp. 179-206.

JEHN, PETER (ed.). *Toposforschung: Eine Dokumentation*. Frankfurt, 1972.

*JENS, WALTER. "Rhetorik", *Reallexikon der deutschen Literaturgeschichte*. Vol. II, Berlin/New York, ²1971, pp. 432-456.

- - -. *Von deutscher Rede*. München, 1969.

JONES, R.F. et al. *The Seventeenth Century: Studies in the History of English Thought and Literature from Bacon to Pope*. Stanford, Cal./London, 1965.

JOOS, MARTIN. *The Five Clocks*. With an Introduction by Albert H. Marckwardt. New York, 1967.

JOSEPH, BERTRAM L. *Elizabethan Acting*. London, 1951; ²1964.

JOSEPH, SR. MIRIAM. *Shakespeare's Use of the Arts of Language*. New York, 1947; repr. 1949.

JUNGMANN, EGON. "Die politische Rhetorik in der englischen Renaissance", *Britannica et Americana* 5 (1960), 49-142.

KAYSER, WOLFGANG. *Die Klangmalerei bei Harsdörffer*. Palaestra, 179. Göttingen, ²1962.

KENNEDY, GEORGE. *The Art of Persuasion in Greece*. A History of Rhetoric, 1. Princeton, N.J., 1963.

- - -. *The Art of Rhetoric in the Roman World, 300 B.C. - A.D. 300*. A History of Rhetoric, 2. Princeton, N.J., 1972.

KIBÉDI VARGA, ARON. *Rhétorique et Littérature*. Paris, 1970.

- - -. *Les Constantes du Poème*. Paris, ²1977.

KNOX, NORMAN. *The Word IRONY and its Context 1500-1700*. Durham, N.C., 1961.

*KOPPERSCHMIDT, JOSEF. *Allgemeine Rhetorik: Einführung in die Theorie der Persuasiven Kommunikation*. Stuttgart, ²1976.

KROLL, WILHELM. "Rhetorik", in: W. Kroll/K. Mittelhaus (eds.), *Pauly's Realencyclopädie der classischen Altertumswissenschaft*. Stuttgart, 1958. Suppl.-Bd. VII, col. 1039-1138.

KURKA, EDUARD. *Wirksam reden - besser überzeugen: Einführung in die sozialistische Rhetorik.* Berlin, 1970.

LANHAM, RICHARD A. *A Handlist of Rhetorical Terms.* Berkeley, 1968.

LAUSBERG, HEINRICH. *Handbuch der literarischen Rhetorik.* 2 vol., München [3]1990. (Lausberg I).

*- - -. *Elemente der literarischen Rhetorik.* München, [10]1990. (Lausberg II).

*LEECH, GEOFFREY N. *A Linguistic Guide to English Poetry.* London, 1969; repr. 1973.

- - -. "Linguistics and the Figures of Rhetoric", in: R.G. Fowler (ed.), *Essays on Style and Language.* London, 1966, pp. 135-156.

LEWIS, CLIVE S. *The Allegory of Love.* Oxford, 1977 (1936).

LINN, MARIE-LUISE. *Studien zur deutschen Rhetorik und Stilistik im 19. Jahrhundert.* Marburger Beiträge zur Germanistik, 4. Marburg, 1963.

MACQUEEN, JOHN. *Allegory.* The Critical Idiom, 14. London, 1970.

MAHOOD, MOLLY M. *Shakespeare's Wordplay.* London, 1968 (1957).

MARCHESE, ANGELO. *Dizionario di retorica e di stilistica.* Mailand, 1989.

MARTIN, JOSEF. *Antike Rhetorik: Technik und Methode.* Handbuch der Altertumswissenschaft, II/3. München, 1974.

MCCOY, DOROTHY SCHUCHMAN. *Tradition and Convention: A Study of Periphrasis in English Pastoral Poetry from 1557-1715.* Studies in English Literature, 5. The Hague, 1965.

MCKEON, RICHARD. "Rhetoric in the Middle Ages", *Speculum* 17 (1942), 1-32.

MEIBAUER, JÖRG. *Rhetorische Fragen.* Linguistische Arbeiten, 167. Tübingen, 1986.

MEIER, HUGO. *Die Metapher: Versuch einer zusammenfassenden Betrachtung ihrer linguistischen Merkmale.* Winterthur, 1963.

MERTNER, EDGAR. "Topos und Commonplace" (1956), in: Jehn (ed.), *Toposforschung,* pp. 20-68.

METZGER, HERMANN. "Tradition und Persönlichkeit im Stil der politischen Rede: J.F. Kennedy", in: *Literatur - Kultur - Gesellschaft in England und Amerika.* Ed. G. Müller-Schwefe/K. Tuzinski. Frankfurt, 1966, pp. 179-200.

MEYER, HERMAN. "Schillers philosophische Rhetorik", in: *Zarte Empirie.* Stuttgart, 1963, pp. 337-389.

MORIER, HENRI. *Dictionnaire de poétique et de rhétorique.* Paris, [2]1975.

MUECKE, DOUGLAS C. *The Compass of Irony*. London, 1969.

*MÜLLER, ADAM. *Zwölf Reden über die Beredsamkeit und deren Verfall in Deutschland*. Mit einem Essay und einem Nachwort von Walter Jens. Frankfurt, 1967.

*MÜLLER, WOLFGANG G. *Die politische Rede bei Shakespeare*. Tübingen, 1979.

- - -. *Topik des Stilbegriffs: Zur Geschichte des Stilverständnisses von der Antike bis zur Gegenwart*. Impulse der Forschung, 34. Darmstadt, 1981.

MURPHY, JAMES J. *Rhetoric in the Middle Ages: A History of Rhetorical Theory from St. Augustine to the Renaissance*. Berkeley/Los Angeles/London, 1974.

- - - (ed.). *Renaissance Eloquence: Studies in the Theory and Practice of Renaissance Rhetoric*. Berkeley/Los Angeles/London, 1983.

MURRIN, MICHAEL. *The Veil of Allegory: Some Notes toward a Theory of Allegorical Rhetoric in the English Renaissance*. Chicago/London, 1969.

NEUMEISTER, CHRISTOFF. *Grundsätze der forensischen Rhetorik: Gezeigt an Gerichtsreden Ciceros*. Langue et Parole, 3. München, 1964.

NICKISCH, RICHARD M.G. *Die Stilprinzipien in den deutschen Briefstellern des 17. und 18. Jahrhunderts*. Palaestra, 254. Göttingen, 1969.

NICHOLS, MARIE HOCHMUTH. *Rhetoric and Criticism*. Baton Rouge, La., 1967.

NORDEN, EDUARD. *Die antike Kunstprosa: Vom VI. Jahrhundert v. Chr. bis in die Zeit der Renaissance*. 2 vol., Darmstadt, ^{5}1958.

OESTERREICH, PETER L. *Fundamentalrhetorik: Untersuchungen zu Person und Rede in der Öffentlichkeit*. Paradeigmata, 11. Hamburg, 1990.

OHLY, FRIEDRICH. *Schriften zur mittelalterlichen Bedeutungsforschung*. Darmstadt, 1977.

OWST, GERALD R. *Preaching in Medieval England*. Oxford, 1926; repr. New York, 1965.

PEACHAM, HENRY. *The Garden of Eloquence (1593)*. A Facsimile Reproduction with an Introduction by William G. Crane. Gainesville, Fla., 1954.

PLETT, HEINRICH F. *Rhetorik der Affekte: Englische Wirkungsästhetik im Zeitalter der Renaissance*. Studien zur englischen Philologie, NF, 18. Tübingen, 1975.

*- - -. *Textwissenschaft und Textanalyse: Semiotik, Linguistik, Rhetorik*. Heidelberg, ^{2}1979.

*- - - (ed.). *Rhetorik: Kritische Positionen zum Stand der Forschung*. Kritische Information, 50. München, 1977.

- - - (ed.). *Intertextuality*. Research in Text Theory/Untersuchungen zur Texttheorie, 15. Berlin/New York, 1991.

PÖGGELER, OTTO. "Dichtungstheorie und Toposforschung", *Jahrbuch für Ästhetik und allgemeine Kunstwissenschaft* 5 (1960), 89-201.

PONGS, HERMANN. *Das Bild in der Dichtung*. Vol. I: *Versuch einer Morphologie der metaphorischen Formen*. Marburg, ^{2}1960.

POSER, MICHAEL VON. *Der abschweifende Erzähler: Rhetorische Tradition und deutscher Roman im achtzehnten Jahrhundert*. Respublica Literaria, 5. Bad Homburg v.d.H., 1969.

POSNER, ROLAND. "Strukturalismus in der Gedichtinterpretation", *Sprache im technischen Zeitalter* 29 (1969), 27-58.

PUTTENHAM, GEORGE. *The Arte of English Poesie*. Ed. Gladys Doidge Willcock/ Alice Walker. Cambridge, 1936; repr. 1970.

QUADLBAUER, FRANZ. *Die antike Theorie der "genera dicendi" im lateinischen Mittelalter*. Wien, 1962.

"Recherches rhétoriques", *Communications* 16 (1970).

REDFERN, WALTER. *Puns*. Oxford, 1984.

"La rhétorique du texte", *Texte: Revue de Critique et de Théorie Littéraire* (Toronto) 8/9 (1989) [mit Bibl.].

RICHARDS, IVOR A. *The Philosophy of Rhetoric*. New York, 1936; repr. 1971.

ROBERTSON, JEAN. *The Art of Letter Writing: An Essay on the Handbooks Published in England During the Sixteenth and Seventeenth Centuries*. Liverpool, 1943.

ROCKINGER, L. (ed.). *Briefsteller und Formelbücher des 11. bis 14. Jahrhunderts*. Quellen zur bayerischen und deutschen Geschichte, IX/1-2. 2 vol., Aalen, 1969 (1863-64).

RÖMER, RUTH. *Die Sprache der Anzeigenwerbung*. Düsseldorf, 1968.

ROSENO, AGNES. *Die Entwicklung der Brieftheorie von 1655-1709*. Köln, Phil. Diss. 1933.

RÜDIGER, HORST. "*Pura et illustris brevitas*: Über Kürze als Stilideal", in: G. Funke (ed.), *Konkrete Vernunft: Festschrift für Erich Rothacker*. Bonn, 1958, pp. 345-372.

RUTHVEN, KENNETH K. *The Conceit*. The Critical Idiom, 4. London, 1969.

*SCHANZE, HELMUT (ed.). *Rhetorik: Beiträge zu ihrer Geschichte in Deutschland vom 16.-20. Jahrhundert*. Frankfurt, 1974.

SCHAUB, GERHARD. *Georg Büchner und die Schulrhetorik.* Bern/Frankfurt, 1975.

SCHINDEL, ULRICH. *Demosthenes im 18. Jahrhundert.* Zetemata, 31. München, 1963.

SCHMIDT, SIEGFRIED J. "Alltagssprache und Gedichtsprache", *Poetica* 2 (1968), 285-303.

SCHMOLKE, MICHAEL. "Reden und Redner vor den Reichspräsidentschaftswahlen im Jahre 1932", *Publizistik* 4 (1959), 97-117.

SCHWYZER, EDUARD. *Die Parenthese.* Berlin, 1939.

SEIGEL, JERROLD E. *Rhetoric and Philosophy in Renaissance Humanism.* Princeton, N.J., 1968.

SENGLE, FRIEDRICH. *Die literarische Formenlehre.* Stuttgart, 1967.

SHIBLES, WARREN A. *Metaphor: An Annotated Bibliography and a History.* Whitewater, Wis., 1971.

SHIPLEY, JOSEPH T. (ed.). *Dictionary of World Literature.* Totowa, N.J., 1972.

SONNINO, LEE A. *A Handbook to Sixteenth-Century Rhetoric.* London, 1968.

*SPILLNER, BERND. *Linguistik und Literaturwissenschaft: Stilforschung, Rhetorik, Textlinguistik.* Stuttgart, 1974.

STÖTZER, URSULA. *Deutsche Redekunst im 17. und 18. Jahrhundert.* Halle, 1962.

STOLT, BIRGIT. *Wortkampf: Frühneuhochdeutsche Beispiele zur rhetorischen Praxis.* Respublica Literaria, 8. Frankfurt, 1974.

STONE, P.W.K. *The Art of Poetry 1750-1820.* London, 1967.

STROHSCHNEIDER-KOHRS, INGRID. *Die romantische Ironie in Theorie und Gestaltung.* Tübingen, ^{2}1977.

SUHAMY, HENRI. *Les figures du style.* Paris, ^{2}1983.

TAYLOR, WARREN. *Tudor Figures of Rhetoric.* Whitewater, Wis., 1972.

THOMPSON, ALAN R. *The Dry Mock: A Study of Irony in Drama.* Berkeley/Los Angeles, 1948; repr. Philadelphia, Pa., 1980.

TRIMPI, WESLEY. *Ben Jonson's Poems: A Study of the Plain Style.* Stanford, 1962; repr. 1969.

TUVE, ROSEMOND. *Elizabethan and Metaphysical Imagery: Renaissance Poetics and Twentieth-Century Critics.* Chicago, 1968 (1947).

UEDING, GERT/STEINBRINK, BERNHARD. *Grundriß der Rhetorik: Geschichte, Technik, Methode.* Stuttgart, 1986.

ULLMANN, STEPHEN. *The Principles of Semantics*. Oxford, 1957.

VEIT, WALTER. "Toposforschung", *DVLG* 37 (1963), 120-163.

*VICKERS, BRIAN. *Classical Rhetoric in English Poetry*. Carbondale, Ill., ^{2}1989.

- - -. *In Defence of Rhetoric*. Oxford, 1988.

VIEBROCK, HELMUT. *Der Stil in der Krise: Beobachtungen über den Stil der politischen Rede in England seit 1938*. Sitzungsber. d. Wiss. Ges. d. Joh. W. Goethe-Univ. Frankfurt./M., 2.1. Wiesbaden, 1963. (Viebrock I).

- - - (ed.). *Disraeli: Rede im Kristallpalast am 24. Juni 1872. Interpretationen*. Wiesbaden, 1968. (Viebrock II).

- - - (ed.). *Robert Lowe, John Bright: Studien zur Parlamentsreform 1866/67*. Wiesbaden, 1970. (Viebrock III).

VOLKMANN, RICHARD. *Die Rhetorik der Griechen und Römer*. Leipzig, ^{2}1885; repr. Hildesheim, 1963.

WEINRICH, HARALD. *Sprache in Texten*. Stuttgart, 1976.

WELLEK, RENÉ/WARREN, AUSTIN. *Theory of Literature*. Harmondsworth, 1970. - Dt.: *Theorie der Literatur*. Frankfurt, 1985.

[WERBUNG:] "Zur Rhetorik der Werbung", *Sprache im technischen Zeitalter* 42/1972, pp. 93-184.

WHATELY, RICHARD. *Elements of Rhetoric*. Ed. D. Ehninger. Carbondale, Ill., 1963.

WILAMOWITZ-MOELLENDORF, ULRICH VON. "Asianismus und Attizismus", *Hermes* 35 (1900), 1-52.

WILPERT, GERO VON. *Sachwörterbuch der Literatur*. Stuttgart, ^{7}1989.

WILSON, THOMAS. *Wilson's Arte of Rhetorique 1560*. Ed. G.H. Mair. Oxford, 1909.

WINDFUHR, MANFRED. *Die barocke Bildlichkeit und ihre Kritiker*. Germanistische Abhandlungen, 15. Stuttgart, 1966.

WINKLER, CHRISTIAN. *Deutsche Sprechkunde und Sprecherziehung*. Unter Mitarbeit von E. Essen. Düsseldorf, ^{2}1969.

YATES, FRANCES A. *The Art of Memory*. London, 1966; repr. 1985. - Dt.: *Gedächtnis und Erinnern: Mnemotechnik von Aristoteles bis Shakespeare*. Weinheim, 1989.

ZIELKE, WOLFGANG. *Rhetorik - programmiert lernen*. München, 1971.

ZIMMERMANN, HANS DIETER. *Die politische Rede: Der Sprachgebrauch Bonner Politiker*. Stuttgart, 1969.

F. REGISTER